Twenty Things
Adopted
Kids Wish Their
Adoptive
Parents Knew

養子縁組を考えたら読む本

これから親になるあなたに知って欲しい20のこと

シェリー・エルドリッジ
〈著〉
ヘネシー澄子
〈監訳〉
石川桂子
〈訳〉

明石書店

This translation is published by arrangement with Delta,
an imprint of Random House, a division of Penguin Random House LLC
through Japan UNI Agency, Inc., Tokyo

はじめに

この本を手にしてくださり、ありがとうございます。

あなたは、養子のお子さんをまさに迎えようとしていらっしゃるところでしょうか？

すでに迎えて、子どものいる素晴らしい時間を夫婦でわかちあっていらっしゃるところでしょうか？

それとも、子どもの見せる言動に戸惑いや痛みを覚え、何とか子どもを助けてあげたいと思うさなかにいらっしゃるのでしょうか？

あなたがどの状態にいらしても、本書はあなたに素晴らしいサポートをもたらすことをお約束します。

なぜそのように確信できるのでしょうか？　一つ目は、この本が養子の当事者であるシェリーさんご自身がお書きになっているからです。実の親と離れ、養親とともに歩みはじめた人生が子どもにとってどのような体験であり、どのような気持ち、考えを引き起こすのか、彼女のたぐい稀《まれ》なる感性と記憶力と描写が進みます。そして、自分自身を理解しようとさまざまな専門家を尋ね、身に起こった出来事やトラウマの詳細が語られています。読み手は、子どもの心模様を追体験し、育てる親の驚きや不安、痛みもまた味わい、頭だけではなく全身で養子の子どもの置かれた状況を理解することができるのです。

「でも、アメリカの話よね？　日本の家族にもあてはまるのかしら？」……とあなたは思われるかもしれませんね。もっともな疑問です。そこで、ATTI《エイティティアイ》Japan《ジャパン》では、翻訳を終えたできたての原稿を養親さん、里親さんと読み進める機会を持ちました。文化的な背景が異なる日本の事情には合わない部分があるかもしれない……そのような心配は杞憂でした。シェリーさんの語られている内容のなかにこそ、日々の子どもたちの不可解な言動の意味や背景を知る手がかりが溢れていることがわかったのです。

いくつかの感想をご紹介します。

「産みの母親となぜ一緒に暮らせないのか、実の母親から説明を受けたい」、思春期を迎えつつある子どもの思いは日ごとに強くなります。揺れる子どもの思いを慮《おもんぱか》りつつ、自分の気持ちも波に揺れる小船のようです。それでも、坊やがどこに行っても見つけ出し、見守り続ける穏やかで安定したウサギのお母さん（第二部一八章参照）のようにこの子と一緒にいようと思います。ときには、実親に向ける筈の怒りや不安が私にぶつけられます。理解してはいるものの、その理不尽さや言葉の鋭さに気持ちがえぐられます。でも苦しいのは、この子自身です。不安でいっぱいの愛する我が子のために、自分ができるだけ安心安全の状態でいよう、と気持ちを引き締めています。産みの親への葛藤はこれからもずっと私たちの生活に存在し続けるでしょう。見えない家族が同居しているようです。子どもの思いや揺れをこの本から教え、導いてもらい、仲間と繫《つな》がりながら、この子とともに暮らす幸せをかみしめていきたいです。

産みの親との別離による喪失体験がいかに大きく、子どもにダメージを与えているのか、読み進めるたびに思い知らされます。できるだけ育ての親に誘ってもらい、喪失について語る機会をつくって欲しいと著者は繰り返し訴えています。それはわかるのだけれど、とても上手にこなせる自信はない……そう思っていた矢先のことでした。

夕食づくりで忙しい最中、子どもがテレビに釘付けになっています。画面上には、感動的な出産シーンが流れていて、生まれてきた赤ちゃんとお母さんが皆から「おめでとう！」「よかったね！」とお祝いの言葉を投げかけられています。私は心の中で「あー！　できれば番組を変えたい！　できれば子どもに見せたくない」と思っていました。

ずーっと黙ってみていた子どもは突然、「私はこうじゃなかった…」と伏し目がちにポツリと語りました。出産後すぐに病院から乳児院で暮らした子どもが、実親の顔も憶えていない子どもが、です。

とっさに私は「生まれるときにママも一緒にいたかったなー！　生まれる前から一緒にいたかったんだよー！　やっと会えた！」と言って、四歳の我が子を抱きしめていました。

「どうしていなかったの？」

「どうしてかな？　会えるのをパパもママもずーっと待ってたんだよ！　探してたんだよ！」

「ふーん！」

と子どもは言って、ニコッと笑うとどこか満足げな表情を浮かべていました。

そのあとは以前よりも少しだけ私と子どもの距離が近くなったような気がしています。

これからも日常のなかに胸が潰れそうな瞬間がやってくることでしょう。でも少なくともこのような出来事を一つ一つ積み重ねていくことでしか子どもの心の痛みを癒していくことが私にはできないと考えています。この本に出会っていなかったら、「そんなこと、もう気にするな！」とか「パパとママはここにいるじゃない」と言って本当の子どもの心が見えないままだったかもしれません。私は覚悟のできた立派な人では決してなく、小さな出来事にいちいち戸惑って、子どもも自分も守りたいと思っている普通の人間なのです。

「読み進めるのに、仲間が必要なの？」――いいえ、もちろん普通に読んでいただいて構いません。ご心配になられた方に、本書の読み方を少し提案したいと思います。第一部は、五三年間にわたる人生の苦闘に結論を得た著者の述懐からはじまり、「養子の心の中に隠れている喪失感」と「養子の心の世界に入っていくこと」について、実際の「20のこと」をお読みになる前の序章のような部分です。少し重たい内容がしっかり書かれています。はじめてお読みになるときには、第一部はさっと目を通すような読み方でよいかもしれません。第二部の「20のこと」を読み終えて、もう一度しっかりお読みいただくと著者の思いを追体験できることでしょう。

「20のこと」は第二部からはじまります。今、養子のお子さんを育てていらして、子どもの理解を深める手がかりを急いで探していらっしゃるなら、第二部からお読みになるのもよいでしょう。一章ごとに足場を確かめながら先に進んでいくような構成になっていますので、急いでいても第二部は順番にお読みください。

翻訳に当たっては可能な限り「公的に配慮のある言葉遣い」を心がけましたが、文中の、養子自身の強い悲しみを表す表現としての「みなしご」という言葉や、養子の強い感情を表す際の「本当の両親」という言い回しは、その子どもの感情の真実を伝えやすくするために、敢えて使用している場合があります。

加えて、原文のbirth family、birth mother、birth fatherを表す言葉は、馴染《なじ》みのある日本語では、実家・実母・実父ですが、「実」の字を使うことで、血縁が本物で養子縁組は次善の策であると感じさせる言葉遣いとなることを避けるため、事実を表す表現として、産みの両親、産みの母または生母、産みの父という言葉を用いています。「産み」が「出産」を意味すると捉《とら》えると「産みの父」には違和感がありますが、生殖から「産む」行為として捉え、原文のbirth fatherに忠実な言葉を選びました。

この本には、育ての親にとっては直視したくないことも書かれています。そして、著者のアドバイス通りに実際にやってみるのは、少し勇気のいることです。上手にできるか心配になるかもしれません。それでも、子どもとともに過ごす毎日は何ごとにも代えがたい歓びをもたらすことでしょう。感想をご紹介した方々のように少しずつ子どもさんの本当の心に触れて、通じ合い、幸せなご家族になっていくヒントを見つけていただけたら、こんなに嬉しいことはありません。

ＡＴＴＩＪａｐａｎでは、今後も一緒に読み進める読書会を運営してまいります。また、心細くなった親御さんのサポートにもお応えしていく準備を整えています。巻末に連絡先を掲載しております。ともに歩いていきましょう。

ＡＴＴＩＪａｐａｎ　代表理事　臨床心理士　榊原明美

理　事　訳者　石川桂子

目次

2　私には養子縁組の喪失体験で生じた特別なニーズがあります。私は、そのことを恥じなくてもよいことを、教えてもらう必要があります。——57

3　喪失を悲しまなければ、あなたや他の人たちからの愛情を受けとる私の能力は、妨げられてしまうでしょう。——70

4　私の癒されていない悲しみが、表面的にはあなたへの怒りとして現れるかもしれません。——93

5　喪失を悲しむのに、あなたの助けが必要です。どうやったら、私が養子であることについての感情に触れ、その感情を確かめることができるのかを教えてください。——112

6　私が産みの家族について話さないからといって、それは産みの家族のことを考えていないということではないのです。——128

7　あなたに、私の産みの家族についての、会話の口火を切って欲しいのです。——144

8　私は、私の受胎と誕生、そして家族の歴史の真実を知る必要があるのです。その詳細が、どんなに苦痛に満ちたものであっても。——159

9　私が悪い赤ちゃんだったから、産みのお母さんが私を他人にあげてしまったのではないかと怖れています。あなたに、この毒のような恥の感情を捨てる手伝いをして欲しいのです。——171

10　あなたが私を、捨てるのではないかと怖れています。——182

日本語版刊行に寄せて

親愛なる養親の皆さま

皆さんが私の本を読みたいと思ってくださるなんて、なんて素敵なことでしょう！

私は誇らしい気持ちです。

監訳をしてくださったヘネシー澄子博士、訳者の石川桂子さんに大いに感謝しています。

皆さんがよくご存知の通り、養子の子どもたちを育てるのは、臆病な人に向いた仕事ではありません。

子どもたちが養子縁組前に被ったトラウマに、皆さん心を痛めることでしょう。皆さんが子どもたちの愛の安全地帯でありたいと願っても、ときに子どもたちは皆さんの愛情に抵抗したり、拒んだりすることでしょう。

それは、産みの母が子どもたちの人生から消えてしまったからであり、養子の子どもたちは捨てられたことに、あらん限りに怒っていて、養母が子どもの怒りの標的になってしまうからなのです。

私の心が皆さまのもとに伺って、希望を捨てないように勇気づけられるように願っています。ときとして子どもたちは、あなたがくださった愛の贈り物を見つけるのに、一生かかってしまうのですから。

このことについて、第二部五章で、私の個人的な体験からのお話をしています。それは、私が養子縁組の怒りから解放されて、私のなかのどこかに溜めておいたママの愛を受けとったときの物語です。

皆さんを応援しています

シェリー・エルドリッジ

我が夫

ボブ・エルドリッジ

どんなに困難なときも私の親友である人へ

私の人生に重要な影響を与え、本書の執筆に寄与した多くの人々に感謝します。

——私に命の贈り物をくれた産みの両親へ

——何も持たなかった私に家庭をくれた養いの両親へ

——私の旅路の苦痛に満ちた部分をともに歩いてくれた、精神科医とセラピストの方々、デール・セオバルド医学博士、心理士マリリン・ライアーソン、認定臨床福祉士・認定結婚と家族心理士スーザン・シェラー・ヴィンセントへ

——皆が癒しを得るために自らの物語を話してくれた、養子仲間たちへ

——本プロジェクトのビジョンを持たせてくれた、デル出版社前上級編集者マリー・エレン・オニールへ

——はじめての執筆をやさしくガイドしてくれた編集者トレーシー・マリンズへ

——ありのままで私の人生の歓びである私の家族——ボブ、リサ、ジョン、エリアナ・ジョイ、クリッシー、マイク、オースティン、ブレイク、コールへ

——苦悩から愛の奉仕を導きだしてくださった神へ

第一部

子どもの目から見た養子縁組

1

隠されていた喪失

高く黒い鉄の門を通り抜けて、養父母の墓に向かって車を走らせていくと、青々とした芝に墓石の列また列が続いていました。年配の男性が芝にたっぷりの水を撒いて、あたり一面に刈りたての草の匂いが満ちていました。道の向こうには新しい墓が掘られていて、人を亡くすことは、人生の否定できない一部であることを鮮明に思いださせました。

助手席に置かれた茎の長い二本の薔薇は、私の成長期の荒れた年月を、一緒に切り抜けてくれた両親への遅まきの感謝の象徴でした。私のこれまでの人生に大きな影響を与え、そしてこれからも与え続けるであろう養子縁組についての事実をやっと摑《つか》めた大人として、私は両親の墓に戻ってきたのです。これは私にとって〔過去を〕清算し、許され、終結となるべき日でした。

車を降りて両親の墓に向かう途中、悲しみが津波のように押し寄せてきて、私はもう一度みなしごになった気持ちになりました。この感情がどれほど嫌だったことでしょう！　私を一番愛してくれた人たちが、この下に埋まっているという、冷たくてつらい事実に胸がいっぱいになりました。生い茂った夏草の上を、ローズ色の両親の墓石に向かってそうっと歩いていきました。リタ・Gとマイク・J・クックと刻まれた文字が読めます。なめらかな御影石の上に指をすべらせながら、私はつぶやきました。「私があなたたちをどんなに愛していたか、知っていただけたら。かわいげのなかった頃の私を、愛してくれてありがとう！」

両親が、私の必要としている親であるべく、ベストを尽くしてくれたことに、疑いの余地はありません。そして、私は何よりもまして、彼らの自慢の娘でありたかったのです。それなのに、私たちの心は稀《まれ》にしか、いえ全然、繋《つな》がることはありませんでした。私たちは夜にすれ違う、二隻の船のようだったのです。

表面上は、私たちは仲のよい家族に見えていたことでしょう。一緒に休暇を取って、ゴルフをしていました。私の人生に、さまざまなことが展開していくのを、両親が誇らし気に見守っていたのを、憶えています。私は模範的な子どもだったのです。チアリーダーチームのキャプテンで、クラリネットの第一奏者で、ホームカミング・デイ（注：高校の歴代の卒業生が、年に一度集まる催し）のクラス代表など。にもかかわらず、その裏で、私は食事を極度に制限し、ふしだらなセックスと盗みを繰り返していたのです。両親には私がなぜそんなことをするのか、手がかりが一つもなかったことでしょう。私も、日常の生活のなかで自分自身の良い娘と悪い娘のギャップについて考えたこともなかったし、この葛藤を両親と話し合うなんて考えも及ばなかったのですから。私は気づいてさえいない力に、突き動かされていたのです。

何が問題だったのでしょう。両親が問題だったのでしょうか？　彼らが二級品だったのでしょうか？　いいえ、違います！　私が問題だったのでしょうか？　養子に出されたことで傷ものの子どもになったのでしょうか？　いやそうではありません！　一〇〇万回でも否定します！　問題は、敵は、「無知」だったのです。養子であることの解決できていない喪失感と、嘆き悲しむことの必要性を知らなかったという「無知」だったのです。

口にできない〝喪失〟という言葉

人生のほとんどのことと同じように、養子縁組という行いには、良い側面と悪い側面とがあります。否定的で痛みを伴う側面、すなわち喪失ということですが、これについては誰も認めたくはありません。けれども、養子縁組という行い自体が喪失の上に成り立っている、というのが真実です。産みの親にとっては、血を分けた子どもを失い、持てたかもしれないその子との関係性を失い、彼らの（からだの）一部分を失うのです。養父母にとっては、血の繋《つな》がった子どもを産むということを失い、養子に迎えた子どもの顔は、決して親の生き写しになることはないでしょう。そして、養子としてもらわれた子どもは、産みの父母を失い、生まれた家族に属することと、彼らから受けいれられることという原初の体験を失うことになります。養子縁組という行いに伴う「喪失」を否定するということは、それに関わるすべての人の情緒面での現実を否定することなのです。

養子の心の傷について、今まであまり語られてきていませんでした。居間に置かれたピンクの象の置物のように、違和感はあるけれど、話題にしてはいけないものなのです。養子縁組が専門で心理学者のデビッド・M・ブロジンスキー博士と、精神科医のマーシャル・D・シェクター博士は、二人の洞察に満ちた著書『養子になって：一生の自分探し』で次のように述べています。「養子にとっての喪失は、離婚や死のような、人生に起こり得る他の喪失とはまったく異なるものです。養子縁組の喪失は、より広範囲にわたるものであり、社会からは見えにくく、もっと深刻なものなのです」。

悲しむことは、喪失に対する自然な反応です。養子縁組の当事者たちは、喪失のありかを情緒的に再訪し、痛みを感じ、怒りの声をあげ、涙にくれることを許されなければならないのです。それを経て、ようやく他者からの愛情を受けいれることができるようになるのです。このプロセスを経験して悲しみを解消しないと、この悲しみは、家族の最大の強みと養子のなかにある深い可能性を破壊し得るし、実際、頻繁に破壊しているのです。この悲しみは、最も誠実な親としての責任を蝕《むしば》み、そして、養子には、他者との関係性の取り方を「反抗か服従か」の選択肢から選ばせて、誰にも言わずにたった一人で苦しませることになるのです。

しかし養子縁組の「喪失」を理解するのはとても難しいので、園芸の接ぎ木のテクニックに例えて、養子縁組における喪失だけでなく、養子縁組の力学の多様性を描きだそうと思います。

自然からの学び

接がれた木。鑑賞するのには素晴らしい。唯一無二のもの。自然に逆らって茂った葉と複雑な根。

園芸家にとっては難しい課題がたくさんありますが、最終的には無類の美しさを備えた一本の木に仕上がります。

養子としてもらわれた子ども。観ていて素晴らしい。唯一無二の存在。肉体的にはしばしばあなたには似ていません。癒される必要のある複雑な根。両親にとって難しい問題行動をたくさん起こしますが、最終的には無類の美しさを備えた人生に仕上がります。

これについてあなたはどのように反応しますか？「その通り！　まったくその通り！　この表現は、私たちの子どもにぴったりあてはまります。彼女は唯一無二の存在で、彼女が私たちの子どもでとても嬉しいです！」という養親たちもいるでしょう。他の養親は、「我が家の養子は、私たちに数々の困難をもたらしているっていうことをもっとわかって欲しいな！　彼は電光石火のスピードで壁紙を剝《は》がすことができるし、自分の部屋の壁に穴を開けるし、口でも態度でも反抗的だし、自分の部屋のものをすべて引き裂いてしまった挙げ句に、泣き崩れているんだから」と言うかもしれません。

多くの反応のバリエーションのなかであなたがどのタイプに近かろうと、あなたはひとりではないことを信じてください。全米養子ニュースレター『宝石の中の宝石：養子縁組ニュース』の編集者として、私は答えを探す、たくさんの養親の方々から手紙をいただきます。「うちの養子のために、どうやったら一番役に立つ親になれますか？」「私が直面するかもしれない困難にはどんなものがありますか？」「どうしてうちの子どもは問題行動を起こすのでしょう？　私が何か悪いことをしたのでしょうか？」同様に、子ども時代に養子になった、たくさんの大人からも手紙が届きます。長く埋めてきた自分の過去を扱うための、助けを求めている人たちです。

また私は個人的に、あなたがたの疑問と懸念を理解することができます。五三年前に生後一〇日で養子にもらわれたとき、両親が私のために願ったことは、今日の、すべての養親の願いと同じものでした。両親は、私が健やかに成長して、持っている可能性をフルに開花させ、実現していくのを見たいと願っていたのです。両親はまた、人生のすべての健全な人間関係の基礎となる、親子の親密な関係を望んでいました。養子縁組と喪失について、この数年間に私が学んだことを、ずっと前に私たちが知ってさえいれば……。

私が養子にもらわれた一九四〇年頃は、養父母たちは専門家から、養子縁組をしたことや養子の出生にまつわる状況、産みの家族について話してはいけないと、善意で助言されていました。「赤ちゃんは何も憶えていないから」と、彼らは言ったのです。「性質や外見の違いについては話さずに、似ているところを強調なさい！」産みの母たちにも同じメッセージを与えていました。「ご自分の人生を歩みなさい。この（養子に出した）ことは、もう過去のこととして前向きにね！」

正直に言うと、このような助言は現在でも時々行われていて、私は血が凍る思いがしています。なぜならば、この助言は否認の温床であり、隠された喪失に対して嘆き悲しむことを決して許されなかった、何千もの養子たちとその家族によって、誤りであったことが証明されているからです。児童福祉のスーパーバイザーであり、オープン・アダプション（注：養子と産みの親とが精神的な繋《つな》がりを維持する、情報開示型の特別養子縁組）の実践者であるジェイムズ・グリッターは、その希望に溢れた著書『オープン・アダプションの精神』で、以下のように述べています。「養子になることの痛みを、きれいごとにしたり、感傷的なものにしたり、飾り立てたりしないように注意しなければなりません。この痛みは本当に惨《みじ》めなもので、極めて個人的なものです。養子縁組の痛みは、その人に〃起こった出来事〃ではなくて、その人自身なのです。この痛みはあまりにも原初的なため、具体的に表現することは不可能です」。

もちろん養子たちが皆、同じレベルで喪失感を経験するわけではありません。虐待を受けた子どもが皆同じように受けた傷に反応しないのと同様です。三〇代前半のある養子男性が、私に話してくれました。「妻と僕に最初の子どもができたとき、養父母が僕の産みの親についてのわずかな情報をくれたんだ。そして、もし僕が自己歴を辿りたかったり、血縁の親戚を探したかったら支援すると言ってくれた。両親がどうして、僕がそういうことに関心があると思ったのかはわからないな。僕に興味はなかったから。僕はいつも養子であることでよいと思っていたし、養父母が僕の両親だと思っている。僕の過去について、これまでに知っていること以上に知る必要を感じたことはないよ。養子縁組の課題なんて特に思い当たらないな」。

この男性の養子体験についての見解は、別に珍しいものではありませんが、大半の養子たちは、人生のどこかの段階で養子であることについて、相反する感情や苦痛に満ちた感情を抱かざるを得ません。心理学者は、多くの養子たちが経験する思考や感情を「認知的不協和」と呼びます。養子問題の専門家は「血統の困惑」と呼びます。

本物の専門家――養子たち自身――は、もっとずっと素朴な言葉を使っています。

・身体の内にある、何かが間違っているといった漠然とした感覚。

・自分の一部が、行方不明になっているような感じ。
・心と魂の、目に見えない戦い。
・人生のすべての時間を放浪していて、決して落ち着いたと感じたことがない。
・見つかるかどうかわからない答えを探している。
・人生をどんなときも、拒否というレンズを通して眺めている。

喪失を悲しまないでいると何が起こるのか？

養子縁組で起こる喪失体験が認められず、言語化されず、嘆き悲しまれることがないと、家族全員が苦しむことになります。その一つとして、親子のコミュニケーションがとても表面的なものになります。「今日（子どもの誕生日）のあなたはとても静かね。何を考えているの？」「別に…。何でもないよ」と、子どもは答えますが、実は自分を産んだ母親が、自分のことを思っているだろうか？と考えているのです。あるいは、私がかつてしたように、子どもはさまざまなやりかたで問題行動を起こすかもしれません。娘が三年間問題行動を起こしているある養母は、最近このように嘆いていました。「私は娘をとても愛しているし、彼女が立ち直るように願っているわ。でも、心労で私の方が健康を害してしまったの」。ある養父母はすっかり熱意を失い、「結局、自分たちは親に向かないのだ」という結論に達してしまいました。そして、養子になった子どもの方は、自分の最大の恐怖が現実になってしまったと思うのです。「私は、手に余る酷《ひど》い子どもなんだ。だから、捨てられてもしかたがないんだ」。
同じ力学が自然界でも働きます。接ぎ木に失敗してしまうとその継ぎ目は弱くなります。失敗は直ちに目に見える形で現れることもあるし、何年も現れないこともあります。養母のコニーが、家族の経験を語る言葉に耳を傾けてみましょう。

私には一五歳の養女がいます。彼女は生後一〇週間で私の家にきました。彼女は素晴らしい赤ちゃんで、私の家族や親族にこれ以上ないほど愛されました。ところが、一三歳で七年生（中学一年生）がはじまる頃に、抑うつ的になって、体重を減らすために、市販薬を乱用するようになりました。自殺を試みて、地域の病院の思春期病棟に二週間入院しました。抑うつ、自殺願望、拒食症、自尊感情の低さ、危険を冒す性質やその他多くの問題の治療を受けました。小学校の間中ずっとオールAで、スポーツも音楽もダンスも好きで、良い友だちがたくさんいた子どもにこんなことが起こったのです。

私たち夫婦には二人の実の娘がいて、この危機で私たち家族と夫婦の結婚生活は大変な痛手を被りました。私たちは、もう彼女と同じ家でやっていくことはできないと感じましたが、彼女を追いだしたら、それは彼女が、乳児のときに産みの両親から受けたのと、同じ拒絶をもう一度味わわせることになってしまいます。もしあなたが、私たちのような養子の問題の特別なプログラムを持つサポートグループやセラピストを知っていたら、お願いですから、すぐに連絡をください。この悲惨な状況を助けてください。

養子縁組の喪失が悲しまれないことのもう一つの理由は、養子がパッと見には「全然問題なく」見えるからでしょう。けれども、もしたくさんの養子たちと話をしたならば、彼らが他人を近づけないように、防波堤――「完璧主義」、「課題達成」や「自立」という高い砦――を、身の回りに築きあげている事実がわかることでしょう。養子たちは、一番欲しているものと一番必要とするものに対して、しばしば抵抗するのです。

養子たちはなぜ語らないのか?

もし、喪失を悲しまないことがそんなに苦しいのなら、養子たちはなぜそのことを話さないのでしょうか? 一言で言えば、それは「恐怖」です! ほとんどの養子たちは、拒絶されること、捨てられるのが怖いのです。彼らの説明はこうです。「もし私がどんなに人を必要としているか、どんなに心の中で傷ついているかを見せたら、その人たちも私を拒絶するかもしれない。そうしたら、私はどこにいたらいいのでしょう? 私には誰もいなくなってしまう」。

「いいえ、私は絶対にそんなことはしない!」とあなたは必ず言うでしょう。「この子は私にとってかけがえのない大切な子です! その子を捨てるなんて、あり得ないことよ」。もしあなたが、養子の言葉にならないニーズへの感受性を身につけたいのなら、あなたが出会うずっと前に、子どもの世界観を永遠に変えてしまう出来事が起こったということを、理解しなければなりません。可能な限り愛情ある方法で子どもの養子縁組が計画され実行されたとしても、そして、あなたが誕生の瞬間に立ち会っていたとしても、産みの母親による放棄と離別は、どんな場合にもあなたの子どもにとって拒否と喪失として解釈され、結果的に子どもはこのように自分に言い聞かせるのです。「多分、この人たち（養父母）も私を捨てるに違いない」。

養子縁組の問題に取り組むために、個別セラピーを受けて、産みの家族とも養親の家族とも、健全な関係を築いている養子の中年女性は、こう振りかえります。「私の体のなかに、ママを失くした小さい赤ちゃんがいることに気づきました。ものすごく悲しくて、自分を抑えられずに泣き続けました」。

多くの養子たちは、養子にもらわれた家がどんなに条件の整った素晴らしい家であろうとも、この言葉にならない拒絶される恐怖とともに生きているのです。「でも私は、いつも子どもに、『生まれたときのことと養子になったこと』について話していいのよ、と励ましているわ」と、あなたは思っているかもしれません。私は、数ヶ月前の養子縁組家庭支援グループで、一人の養母がまさにそう話しているのを聞きました。しかし、その養母が気軽な感じで生母について子どもと話したら、七歳の子がおずおずとこう訊いたのです。「そんなことを、話してもいいの？」この母親は、養母として超一流だったということを考えてみてください。養女のために尽くし、最新の養子関係の本をすべて読んでいました。それでも、娘からのこの質問は、養母を驚かせました。

この逸話は、養子たちがその居心地の悪い感情を話すのに、許可を必要としているだけでなく、オープンにその話題について誘ってもらい、話すように励ましてもらう必要があることをよく描きだしています。これについては、二〇のテーマの一つとして、あとでもっと詳細に扱います。

養子たちが話さないもう一つの理由は、喪失に伴う痛みが幻のようなもので、捉《とら》えにくく、言葉で言い表すことが難しいからです。著名な児童精神分析学者のセルマ・フレイバークは、『子どもの生まれながらの権利』のなかでこのように述べています。

一歳以下の赤ちゃんは、産みの親からの離別というトラウマ的出来事を「憶えて」いるのでしょうか？　いいえ、赤ちゃんは、おそらく一連のシーンとしてこの出来事を憶えてはいないでしょう。憶えているもの、心に残されたものは、不安と原初的な恐怖で、それはのちの人生のなかで波うつように戻ってきます。愛情を失うことの喪失感と危機感は、繰り返されるテーマ、または人生のパターンとなります。心に残されたものは、深刻な気分のムラかもしれないし、のちの人生における抑うつかもしれません。そして、その最初の悲劇的な喪失の身体的記憶は、皮肉なことに歓びや成功の瞬間でさえ、本人が思いだすことができない過去からよみがえってくるのです。心に残されたものは、信頼の裏切りであり、愛情、保護、連続的な経験によって、子どもが当然持つであろう秩序立った世界への侵害です。生まれて最初にできる、人と人との間の絆を壊してしまう巡《めぐ》りあわせは、人への信頼を傷つけ、打ち砕くでしょう。そのために、愛情が再び与えられたとしても、自由に愛情を返すことができないでしょう。そして、おしまいに心に残されるものは、生後一年以内の、未発達な人格につけられた傷のようなもので、それはその後の発達に重篤な影響を与えることになるかもしれません。

誤った罪悪感は、多くの養子縁組をした子どもたちが築きあげる障壁の一つです。誤った罪悪感は、何か自分がコントロールできない苦痛が起こったときに、私たちが経験する感情です。コントロールできないということに責任を感じるのです。両親が離婚した子どもは自分に責任があるように感じます。亡くした夫の墓参りをする妻もそれを感じています。そして、どの年齢の養子もそれを感じているのです。養子たちは、自分ではどうにもできなかった産みの家族を失ったことについて、誤った罪悪感を抱きます。彼らはしばしば生きていることにさえ罪悪感を抱き、「私生児」とか「もらいっ子」という言葉を聞くと、身がすくむ思いがするのです。

大人になった養子たちがこう言っているのを聞いたことがあります。「私は、いつも誰かが自分にしてくれたことに対して、何か素敵なものをお返ししないといけないように感じています。ただもらうだけ、ということは絶対にできません」。ある男性はこう言いました。「僕は養親の家では、ホリデーインホテルの完璧な客のようだったんだ。自分でベッドメイクもしたし、タオルも畳んでいたんだよ」。

それでも希望はある

養子縁組の家族で、接ぎ木（養子）がいつも簡単に馴染《なじ》めるわけではありません。それは自発的に起こるわけでもないし、自然にできるわけでもなく、むしろそれは献身的な愛情と責任ある介入の努力によってもたらされます。親やセラピストは、養子縁組による未解決の喪失の徴候を養子に見たら、隠された感情や言葉になっていないニーズを理解して、子どもが自分の感情とニーズに気づいて、それを言葉にするような会話に、共感を持って引きこむことを常にしなければなりません。ここから癒しがはじまるのです。親から伸びた繊細な組織と切断された枝とが繫《つな》がって、永続的で親密な愛着を形づくり、未来の健全な人間関係のモデルとなるのです。

接ぎ木では、台木と接がれる枝の間に第三の要素――どちらにも受けいれられるとわかっているもの――を接ぐことで、適合性の問題が解決できることがあります。養子縁組においての愛着の課題は、人間の絆と愛着形成の専門家――深い知識と訓練と経験のあるプロフェッショナル――の介入で解決されるでしょう。

解決されていない養子の喪失感は、克服できない山ではありません！　養子たちは年齢にかかわらず、情緒的な繫がりをどのようにつくり、健全な人間関係をいかに築くかを学ぶことができるのです。この先にあるかもしれない難問を理解し、あなたの養子とともにその障害を上手に乗り越えていくならば、あなたには、美しく生き生きとした子どもと家族を持つ希望が、必ずあるのです。

2

あなたの子どもの心の世界へ入ること

　とうとう養子縁組の日がきました。ときには永遠のかなたにあるように思われた日。家庭調査は完了し、「もし……だったら」という考えが過去のものになり、ここからは、あなたがたの順調な船出です。

　看護師が、あなたが持ってきた服を赤ちゃんに着せている間、産みの母親は、涙ながらに養子縁組承認の用紙にサインをします。家では赤ちゃんを迎えようと、親類が集まっています。食事が用意されお祝いムードで、楽しそうな談笑が交わされています。

　赤ちゃんにとっては新しい家に、あなたが抱いて入ってお披露目すると、カメラのフラッシュが焚かれ、ビデオカメラがまわります。「なんてかわいい赤ちゃんでしょう！」人々は口々に言います。祖父母が最初に赤ちゃんを抱き、次いでおばさんとおじさんといとこたちです。赤ちゃんは、まわりで起こっていることに気づかないかのように、順繰りに静かに皆の腕に抱かれています。でも、その真新しい白のドレスの下には、悲嘆にくれた小さな心があることを、誰も知りません。……ママはどこにいるの？と思い巡《めぐ》らしている心。ママの匂いは？　ママの声は？　ママの心臓の音は？　ママの体は？　私のママはどこへ行ってしまったの？

これが、あなたの赤ちゃんが、あなたの家にきた日に体験する、原初的な喪失なのです。あなたの腕に抱かれる前に、赤ちゃんは、産みの母親とその人を表すすべてのものをなくしてしまったのです。この押しつぶされる程の衝撃は、その子の人生に永続的な影響を及ぼします。自動車事故で両親を失った幼児のケースに通じるものがありますが、違っているのは、この場合には結末がないことです。お葬式もありません。子どもの悲嘆は、気づかれてさえいないのです。赤ちゃんのまわりで起こっていることと、赤ちゃんの心の現実は、こんなにもかけ離れているのです。赤ちゃんは悲嘆にくれているのに、皆はお祝いしています。赤ちゃんは傷ついているのに、皆はそれに気づいていません。赤ちゃんはしっかり抱かれて、慰《なぐさ》めて欲しいのに、皆は浮かれて祝杯をあげているのです。

こういった言葉に、耳を貸すのは難しいものです。特に、何にもまして子どもたちに、最善を尽くしたいと思っている養親にとっては。養子縁組の前に、子どもがそんな衝撃を経験していると知ることは、無力感を抱かせ、現実に対処できるように子どもを支援するよりも、子どもの現実から目をそらしてしまうかもしれません。

養子が感じている傷があまりにも深く、圧倒的なものである可能性があるので、養子の喪失体験の問題は、養親や心理の専門家をも不安にさせます。

『孤児たち』の著者のアイリーン・シンプソンが、他者の痛みに触れていくときの恐怖感を、上手に書き表しています。「孤児たちは、まったく何も表現しないのです。泣きもせず、悲鳴もあげず、大声で叫ぶことも、奇妙なふるまいもしません。そのかわり、孤児たちは来訪者を静かに、探るような目で観察するのです。子どもたちの目を覗き込んで、彼らのメッセージを読み解こうとするのは、まったく気の進まない作業で、これが来訪者を子どもたちに近づかせないのです。それは目に見えない糸で悲しみの巣へ引きこまれていく恐怖なのです」。

子どもの感情の世界に入っていくのは、そこで見つけるであろうことをどう処理してよいかわからない場合、怖気づくことでしょう。本書の第二部では、子どもの現実と向き合って、隠されていた喪失体験を、子どもが上手に悲しむのを助けるための、実践的な準備のお手伝いをします。でもその前に、子どもの目を通した養子縁組体験を、もう少し検討してみましょう。

出生前の体験

鍵となる考え方として憶えていて欲しいのは、子どもの養子縁組に対する認識は、出生時や養子にもらわれた日からではなく、産みの母親の胎内での最初の九ヶ月間からはじまっているということです。ここで、子どもの人格の核となる部分が、神秘的に織りあげられていくのです。

トーマス・バーニー博士とジョーン・ケリーの『胎児は見ている：最新医学が証《あか》した神秘の胎内生活』に驚くべき叙述があります。「多くの研究で、赤ちゃんは母胎内で音を聞き、味わい、感じ、学習するということが証明されています。そこでの経験で、赤ちゃんは、自分に対する態度や期待を形づくりはじめるのです。赤ちゃんは、母親の愛情と憎しみのような、大きなはっきりした感情だけでなく、矛盾した曖昧な、はっきりしない感情も知覚して、反応することができるのです」。

「これは私には少し難解だわ!」とあなたはおっしゃるかもしれません。これは、バーニー博士が「生後三日で養子にきた赤ちゃんは、悲嘆にくれています」と言った録音を聴いて、まさに養母エレンが言った言葉です。それでもエレンは、生後三日で養子にきた今七歳の息子に、養子にきた日の体験はどうだったか訊いてみました。息子の答えは、まったく仰天するようなものでした。「僕はお母さんたちを誰ひとり知らなかった。お母さんたちの名前さえも知らなかった。とても怖かったよ」。

子どもの人生の物語の最初の章は子宮内ではじまり、出生以降に人生を解釈する、感情のレンズをつくります。ほとんどの生母は、養子縁組を選ばざるを得なかったとしても、妊娠期中は子どもを愛していますが、一方で、子どもを拒否して、子どもの出生後の人生に苦しみを持ち込ませてしまう生母もいます。ほとんどの乳児の養子縁組は、望まない妊娠の結果ですから、産みの母親の絶え間ない不安感情が、赤ちゃんに負の影響を及ぼします。母親が自分を守ろうとして、赤ちゃんへの感情を断ち切ってしまうと、子どもはその拒否を感じとり、出生後の人生を「拒否」というレンズを通してみることになります。

バーニー博士は言っています。「母親が子どもをどう思うかによって、重要な違いが生まれます。母親の胎児に対する思い――愛か拒否か、愛憎両方か――が、子どもの感情的な世界を定め、形づくるのです。これは外向性とか楽観的な攻撃性といった、特定の性質ではありません。このような言葉は大人の言葉で、あまりにも厳密で特定的な意味合いを持っていて、六ヶ月の胎児にはあてはまりません。ここで形成されるのは、広範囲で深く根付く特質――安全感・安心感や自己尊重といったものです」。

ティーンエイジャーの養子のレベッカは、自分のトラウマをこのように話してくれました。「生まれる前から、私はお母さんのお腹のなかでネグレクトされ、忘れ去られ、拒否されていたの。産みのお母さんは、そのときたった一八歳で、結婚していなくて、よその国に一人ぼっちだったんです。私は生まれたとき、子宮内拒絶症候群と診断され、触られても、かわいがってもらっても、全然反応しなくて、文字通り無理やりミルクを飲まされたわ。養父母も兄も姉も、私を精一杯愛してくれようとしたけど、それでも私は反応しなかったの」。

養親にできる最も犠牲的な愛の行いは、子どもはどのように感じる「べき」か、という自分たちの筋書きを捨てて、子どもがしばしば経験する、矛盾する感情と思いに耳を傾けることです。

スーザン・フィッシャー医学博士とメリー・ワトキンス博士の言葉に耳を傾けてみましょう。二人は、自らも養親で、洞察に満ちた実践書『養子縁組についての幼い子どもたちとの話し合い』の著者たちです。「私の願いは、子どもたちが自分を普通の子どもだと感じること、養子縁組についてのすべての疑問に答えが出たと感じること、そして私たちの子どもでいる体験が、素晴らしく、自然な出来事であると思えるようになることでした。それで、(養子縁組と誕生の)話をするときに、私はリアルに自分の願いと現実の分裂に、直面しなければなりませんでした。この話をすると、養子になることが、いかに苦痛に満ちた葛藤だったかということが明らかになるからです。またそれが、私の願いにかかわらず、子どもたちの現実なのです。このことを書きしるすにつれて、テディとアナが始終この分裂に直面していたのだということが、私を打ちのめします。子どもたちは——そして私たちは皆——この分裂を意識し、それを言い表す言葉を、探し続けなければなりません。そしてこの状態が、まさに私たち家族の現実なのです」。

「もういいから」と、あなたは思っているかもしれません。「あなたの言うことに従います。自分の思い込みは捨てて、養子縁組についての子どもの感じ方と私の思いが、随分違うことが理解できてきたわ。でも、子どもの世界にどうやって入っていくことができるの？」

どうしたら子どもの世界に入れるか

まず、ここに七つの失敗確実な方法を示します。子どもの隠された喪失感を上手に解決することをあなたが支援するのに、確実に失敗するやりかたです。

・できる限り長い間、養子縁組の話題を避けること。子どもが自分の過去について、ずっと何も質問しないことを願いながら。

・養子とあなたの血縁の家族の違いを、否定すること。よくある例は、「あなたは私たちにそっくりよ」とか、「あなたはお父さん似だわ」などと言って。

・子どもが養子縁組について不快な感情を表したときに、養子縁組のよい面を強調して、子どもの感情を否定すること。「受けた恩恵の方を数えるのよ」「養子にもらわれてとても幸運なのよ。感謝しなさい」。

・子どもの人生が養子縁組の日にはじまったようなふりをすること。子どもの誕生や産みの家族の話をしない。なぜなら子どももあなた自身も動揺するだけだから。

・「話しては駄目《だめ》」というルールを言葉にせずに、身振りで強要すること。唇を震わせたり、歯を食いしばったりすることが、もっと多くを語るので。

・子どもが「本当の親」というような言葉を使うと、必ず機嫌を悪くすること。子どもの悪意のない好奇心や、解決できていない悲嘆の表現と受けとめずに、自分が拒絶されたと解釈すること。

・産みの家族を探すことを考えるという子どものニーズについて、秘《ひそ》かに罪の意識を養うこと。「寝た子を起こすな」とか、「過去は過去」などと言って。

子どもの世界に上手に入っていくためには、右記ではなく、いくつかの勇気のあるアプローチを試してみる必要があります。このことについては、本書の第二部でもっとたくさん紹介します。

・できることなら第一日目から、養子縁組の現実を認めること。乳児のおむつを替えたり、もう少し大きくなった子を、腕のなかで抱いてさすってあげるとき、養子縁組にまつわる言葉を使いましょう。「あなたを養子にもらって、とても嬉しいの。あなたが家の子になってくれて、とても嬉しいわ」。この言い方なら、このテーマを否定せず身近なものにすることができます。

・子どもが、養子になる前に感じていたことについて、話題にすること。「産みのお母さんがどうしているか、考えたことがある？　あなたはお母さん似かなって、考えたことがある？私はたまに考えるわよ」。人生のある時期を、生母と過ごした年長の子どもを養子にしたのなら、このように言えるかもしれません。「産んでくれたお母さん／お父さんといたら、どんな人生だったかと考えることがある？　思い出を話したくなったら、いつでも聞くわよ」。

・あなたの家族が養子縁組に影響され、特別な課題を持っていることを認めること。ウエブスターの辞書の「承認する（validation）」の定義は、あなたの子どもが何を必要としているかに、光をあててくれます。「実証する、承認する、有効にする、（本物として）認証する、正式な承認を与えること」などなど。ある五歳児の養母は、「養子縁組は子どもとの毎日の話題です。なぜなら、養子縁組が子どもとの日々の生活に影響を与えていて、一度きりの出来事ではないからです」と言っています。

・子どもが、感情や考えや疑問を自由に表現できるような、良し悪しの判断を下さない、安全な環境をつくること。子どもに、「あなたが感じている通りに、感じていいのよ。もう少しそれについて、話してみてね」と言えるようになりましょう。

・養子とあなたの血縁の家族との相違点を祝うこと。「あなたの独創性が、私たちの家族の幅を広げたわ。あなたを家族に迎えられて、なんて素晴らしいんでしょう！」

・過去の血縁と形のある繋《つな》がりが欲しいという、子どもの言葉にしないニーズの可能性に敏感であること。私の知っているある生母は、養子縁組の日に、娘に銀の貯金箱を送りました。――生母が娘のことを決して忘れてないと思いださせるためです。毎年養子縁組の記念日に、養父母はその貯金箱に一ドル札を入れて、産みのお母さんが命を授けてくれたことを、思いだすためのお金だと子どもに話しています。

・子どもが大きくなるにつれて、いつか自分の産みの家族を探したり、連絡を取ったりすることを考える必要性を尊重しましょう。それを支援することを言葉で伝えます。子どもが、産みの家庭での虐待やネグレクトのせいで、あなたの家族の一員になったのだとしても、子どもは過去のトラウマを解消するために、何らかの方法で、最初の家族ともう一度繋《つな》がりを持つ必要があるかもしれません。何が必要かは、子どもの直感を信じて、子どもの過去への旅がどんな結果になろうとも、安心と安全を与えてあげてください。

養子縁組が開示型であること

今お読みになったアプローチは、馴染《なじ》みのないように感じるかもしれません。あなたは自己防衛的な気持ちになったり、怒りを感じていたりするかもしれません。「子どもの産みの家族の話なんて、持ちだしたくないわ。そんなことをしたら、家庭を壊して家族を混乱させるだけよ」と。では私のこの提案を、今日実践されている養子縁組の種類と、その違いを説明することで、明確にしてみましょう。

非開示型養子縁組は、弁護士や養子縁組斡旋機関のような仲介者が取り仕切るものです。産みの親と養親の間には直接の接触はありません。養子縁組の記録は封印されて、養子は、生まれた郡の裁判所へ開示を要請しても、知ることができるのは不特定情報だけです。養親は、産みの親の名前の箇所を養親の名前に書きかえた出生届をもらいます。養子縁組に関わる人たちは、善意の養子縁組の専門家や、家族や、友人たちから、「過去を過去として」人生を歩むように、強く薦められます。〔訳者注：これはアメリカの場合です。〕

半開示型養子縁組は、仲介者はいますが、養親と産みの親の間に、限られた情報の流れがあります。生母は候補の夫婦に何を望みたいかのリストを書き、養親は自分たちについての手紙を書いて、生母が誰を養親にするか選びます。養親と産みの親の関係が継続することは許されますが、仲介者を通じて匿名でなされます。子どもが成長するにつれて、生母が写真を要求することがありますが、写真をあげるかどうかは、完全に養父母の裁量となります。生まれた家族から子どもへの贈り物が仲介者を通して届くこともありますが、やはり受けとるかどうかは養父母の裁量に任せられます。子どもの養子縁組の記録は封印されて、見られるのは、不特定情報だけです。これらの養子縁組の正式な統計はありませんが、多くの養子縁組の専門家は、これが現在のアメリカの養子縁組の主流だと考えています。

開示型養子縁組（オープン・アダプション）は、養親と産みの親の双方が、子どもの発達に欠かせない、重要な貢献ができることを認めています。この形式の養子縁組は、子どもに役立つように、養親と産みの親の継続的な関係を形成し、育てるのです。彼らの関係は、しばしば混成家族に似て、両家族が、子どもに人生の最善なものを与える役割を分かち合って、養子が自分の人生を築く二重の基盤を提供するのです〔現在のアメリカでは、六七%がセミオープン／オープンアダプション（最低でも仲介者を通じて写真や手紙のやりとりをする形式以上）です〔出典：二〇〇七年U.S. Department of Healthによる*National Survey of Adoptive Parents*〕〕。

私が、養子縁組の形式を変えようとしているのでないことを、どうか理解してください。それぞれの養子縁組家族にとって、課題はとても複雑で、開示型養子縁組が不可能である場合がよくあることはわかっています。それでも私は、開示型の養子縁組を支持します。開示型（オープン）という意味は、子どもの人生の歴史のすべてを、正直で率直なやりかたで、適切なタイミングで子どもに打ち明けるということです。隠しておく情報は何もなく、子どもが準備ができたときに、制限なく与えます。

多くの養親が、こういった開示性を難しく感じたり、怖いと思ったりする理由の一つは、養親が養子縁組について、社会の否定的で固定化された概念——生母は身持ちの悪い女、養子は傷もので、養親は次善の策というメッセージ——に同調しているからです。さらに、多くの養子家族は、知らず知らずのうちに、血縁の家族と同じようでなければならないという、恥を基礎とした神話を受けいれているのです。あるグループでは、ただ養子縁組での喪失を口にしただけで、恩知らずで無礼だとみなされるのです。

養子縁組家族が血縁を基盤としていないからといって、悪いことでも恥ずかしいことでもないのです。また真実を告げることは、養子縁組制度を中傷することになるわけでもありません。養子縁組家族を他の家族と同じだと言い続けるのは、接ぎ木は他の木と同じだと言うようなものです。まったく、違います！　養子縁組でできた家族は、それぞれ特有な困難を抱えていますが、またそれぞれ特有な美しさを備えているのです。

接ぎ木では、植物の二つの部分で、別々の個性を保持しています。遺伝子が混ざり合うことはありません。マルメロの木に接がれた梨は、実が大きくなるかもしれませんが、やはり見た目も味も梨です。養子縁組では、養子はやはり養親家族とは別の、遺伝的な特長を保っています。養子の感情的な現実の大部分は、養親家族が彼を目にしたよりずっと以前に、形成されていたのです。こういった違いを養親が脅威に感じる必要はなく、むしろそれは、養子独特の個性と人間性を祝うためのよい出発点なのです。

あなたの大切な子どもの秘密の世界に入るには、賢明さと細やかな神経が必要です。本書の以降の部分では、子どもがあなたに知って欲しいことを〝聞きとり〟、子どもの打ちひしがれた心を癒すように〝応える〟手助けをするための、私の知っている最良の手段を提供いたします。

第二部

あなたに知って欲しい20のこと

1

養子にくる前に深い喪失感に苦しみました。あなたのせいではありません。

今やあなたはあなたの子どもの世界に入るのに、以前より深い洞察力と注意深さを備えたので、子どもの秘密の考えを聞きはじめましょう。あなたは子どもの隠された傷を認め、子どもの独特でしばしば深いニーズと対面することになります。それから、どうしましょう？

養親として、あなたは居心地の悪い思いをしていたり、子どもを守りたいと感じていたり、養子縁組の現実について防衛的な気持ちになっているかもしれませんね。養子縁組の専門家であり作家のジェーン・スクーラーは、養子の心が傷つけられているというテーマが話題に上がってくる瞬間というのは、「まるで多くの養親たちの目の前に、盾がふさがるようなものです。あなたの言葉は養親たちの耳には入りません」と、言います。養母のエレンは、養子の喪失体験について聞くことは、胸が張り裂けそうになることだと言います。子どもが以前も今も苦しんでいるという事実を考えることに耐えられないのです。

子どもの苦しみのなかに入っていくのはつらいことです。特に子どもが明らかに問題を表現していない場合は、子どもの内面ですべてがうまくいっていると思う方が、ずっと簡単なことでしょう。しかし、すべての養子は、新しい家族に抱擁される以前に深い喪失体験をしているために、心に傷を負っているのです。あなたの子どもがあなたに最初に知って欲しいと思うのは、「私は嘆き悲しんでいる子どもなのです。産みの親を失ったので、あなたのところにきたのです。その喪失感はあなたのせいではありませんし、あなたが消し去ることのできないものです」ということです。

私が一二歳のとき、親友のお母さんが癌で亡くなりました。悲しむ家族が棺のあとに続いて、教会の回廊を進んでいくのを見ていたことを、今でも憶えています。参列者が立ちあがったとき、私の身体は制御不能に震えだし、まるで火山が噴火するかのように、ありがたくない嗚咽が溢れ出ました。本当に恥ずかしかったです。亡くなったのは私の母ではなかったのですから。……それとも、そうだったのでしょうか？

両親は私をなだめようと最善を尽くしてくれました。けれどもこの状況が養子にとって、解決できていない喪失体験を大きく引き出すきっかけになっていることについての知識を、まったく持っていませんでした。両親はほぼ確実に、私の常軌を逸した悲しみ方を、感情的な性質と思春期のせいにしたと思います。私を九ヶ月お腹に宿し、その顔を見たことはないけれど、その心臓の音が私の安全感の起源になっている生母のことを、私が追悼していたとは、両親には知る由もなかったでしょう。確かに、私の喪失は友だちの喪失とは違うものでした。遺体も、埋葬の礼拝も、夕食のテーブルでの空席もありません。けれども、喪失はまさに同じように現実的なものでした。

私の悲嘆に対する両親の反応は、その後、私の気持ちが動転するかもしれない出来事から、私を守ることでした。そのため、数ヶ月後に祖母が亡くなったときには、他の家族が全員参列するのに、両親は私を葬儀に出さずに家に留め置きました。両親は私によいことをしたつもりだったと思いますが、本当はまったく逆だったのです。私の養子であることの心の傷は、このような過保護の層の深くに埋葬されてしまい、そのことは私に、私自身の悲嘆の部分を他人から隠しておこうという決意を、もっと強固にさせるものとなりました。

痛みを受けいれることを学ぼう
――あなたの子どもの痛みとあなた自身の痛みを

私の話は特殊なものではありません。ほとんどの養親は、子どもが喪失を嘆き悲しみ、その終結を見出すように支援する代わりに、子どもの過去の喪失体験を否定し、養子となったことを美化します。子どもの悲嘆を歓迎して、共感をもって守ってあげる代わりに、開いた傷口に塩を塗るような、ロマンティックな決まり文句があるのです。「あなたは選ばれた子どもなのよ!」「選ばれたことに感謝しなさい。選ばれなかった他の子どもたちのことを考えなさい」。残念なことに、喪失を否定して悲しみそこなうと、両親と子どもたちの間に健康的でしっかりした関係ができる代わりに、お互いを遠ざけてしまうのです。

ウエブスターの辞書では美化を「理想主義に染まった、あるいは支配された」「空想的な」「非実用

1　養子にくる前に深い喪失感に苦しみました。あなたのせいではありません。

的な」「非現実的な」「夢想的な」「地に足がつかない」「現実離れした」と定義しています。ここまでの歳月、あなたが知らず知らずに、養子縁組を美化していたということがありますか？　もしそうなら、剪定ばさみを取り出して、養子縁組のあらゆる段階での真実を探すときです。

振りかえってみると、両親は私の感情の傷つきやすさを怖れていました。おそらく私の感情の傷つきやすさが、両親自身の解決されていない悲嘆と喪失感、極度の無力感の問題の引き金だったのでしょう。あなたの子どもを助けるために、あなたにできる最良のことは、養子縁組以前に起こったであろう、あなた自身の喪失体験――不妊・流産・死産・生まれた赤ちゃんの死といった喪失――を悲しみ、そして、養子の喪失体験と、あなたの家族の一員となる前に何であれ起こったことからこの子を守れなかったという悲しみを感じることです。これでようやく、あなたの子どもの喪失体験が真実であると承認でき、包み隠さずに正直な雰囲気のなかで、子どもと一緒に悲しむことができるのです。あなたはこんなふうに言うことができるでしょう。「あなたがこのママのお腹のなかで育たなくて、私たちも残念よ」。あるいは、「過去にあなたと一緒にいられなくて、あなたの世界を安全で安心できるものにしてあげられなかったことが、私たちも悲しいわ」。

あなたが自分自身の喪失体験を悲しみ、子どもの喪失に向き合えると、情緒的に子どもと同調でき、子どもの言葉にしていないニーズを知り、子どもが自身の悲嘆の問題を解決する過程での、パートナーとなれるドアが開きます。これが親と子の親密さを深める、開かれたドアなのです。ひとたびあなたが自分自身の人生での喪失体験を、悲しむことに成功できたら、あなたは子どもにとって「安全な人」――非難されたり批判されるおそれなく、どんな感情でも自由に表現してもよい人――になるのです。あなたは子どもに、養子縁組にまつわる感情を話すことを励まして、喜んで受けいれてあげる場所を提供するでしょう。この受容的でやさしい雰囲気のなかでこそ、解決できなかった養子縁組での喪失からの癒しが起こり、愛着形成がはじまるのです。子ども時代に養子になった大人たちは、養子支援グループや信頼のおけるセラピストを通じてそういう場所を見つけることができます。

ナオミ・ルース・ロウィンスキーの著書『母方からの物語：母と娘の絆の再生』のなかの、ある養母の言葉に耳を傾けましょう。……ともに喪失体験を悲しんだら、娘との間に親密さが生まれたことを母親が回想しています。

> 私の胎内にいたことがなく、私からお乳をもらわなかった美しい私の一番下の娘。この世に生まれたときに、私がその顔を見ていなかった子ども。この子のために心が痛む。この子と一緒に体験しなかった妊娠期、彼女の誕生のとき、出生後の最初の何ヶ月が悲しい。彼女を養えなかった生母が残していった、娘のなかにある空っぽの場所のことを思うと悲しい。娘と私がこういったことを一緒に感じることが必要なのだとわかった。
>
> 続く数年の間、悲しみと喪失のこの感情について、娘に始終話しかけた。彼女は私の膝に乗り、彼女のか細い小さな身体は、私の腕のなかでリラックスした。私たちはこんなふうに何時間も過ごし、一緒に追悼して、喪失の感情から愛着の絆をつくった。

疑いなく、この母娘は互いの絆づくりに成功しました。彼らの近しい関係は、接ぎ木が根付くとき

1　養子にくる前に深い喪失感に苦しみました。あなたのせいではありません。

に起こることに似ています。自然界で接ぎ木が成功するときには、接ぎ木をしたところがものすごい勢いで、木の他のところと同じか、それ以上の強さで結合をつくりだすのです。

多くの親たちが、養子の子どもたちの痛みを真実と確認しない理由の一つは、私たちが痛みを避ける社会に生きているからだと思います。「痛み」という言葉の音だけでも、私たちの『戦うか・逃げるかの反応』を引き起こすのです。結局、「痛み」とは、不正や失敗を意味するからでしょうか？私たちに約束された幸せの権利への障壁なのでしょうか？

世界に名を馳せる外科医でハンセン病の専門家のポール・ブランド博士は、著書『誰も望まない贈り物』のなかで、痛みの起源とその目的についての教育の必要性を述べています。「近年の見方では、痛みは敵であり、追放すべき邪悪な侵入者である。そしてもし、○○という物質が痛みを三〇秒早く取り除くなら、それに越したことはないとされている。しかし、このやりかたには、決定的に危険な欠陥がある。警告の合図でなく、いったん敵とみなされたら、痛みは通告の力を失う。痛みのメッセージを考慮することなく、鎮めてしまうことは、悪いニュースを受けとりたくないために、火災報知機の接続を切ってしまうようなものだ」。

必要なことは、『オープン・アダプションの精神』のなかでジェイムズ・グリッターが言っているように、痛みに対する尊重の姿勢なのです。痛みを破壊するものとして見るのではなく、むしろ美しさをつくりだすもの――愛すべき敵として見ることです。チクチクする一粒の砂がアコヤ貝のなかで美しい真珠をつくる触媒となり得るように、養子縁組の痛みは、養親と子どもの間の親密さの真珠をつくる触媒となり得るのです。

尊敬されている養子縁組教育者のマーシー・ワインマン・アクスネスは、その説得力ある小冊子『心に何が書かれているか：養子であることの原初的な問題』で、アネット・バランとウェンディ・マッコードを引用しています。「親たちは子どもたちが悲しみを表したら、子どもとともに悲しみを感じるというよりも、子どもたちを慰《なぐさ》める必要があると通常感じるものだ。しかしながら、産みの両親をなくしたということ自体が、悲しいと感じるべきことなので、親が子どものためにできる最良のことは、子どもたちが喪失感情を親と分かち合うのを許すことである。特に最初の頃は、そういう居心地の悪い感情を避ける方が簡単そうに思われるのだが、快活なスローガンで上塗りするのは愛する人がやる選択肢ではない。なぜなら、そうすることで親子双方の純粋な親密さが究極的に奪われてしまうのだから」。

あなたの子どもが必要とするもの

私の知識と調査は、主に非開示型の養子縁組システムによって、傷ついて大人になった養子を基盤にしていることを心にとめていてください。それにもかかわらず、彼らの経験は、養子の多くが彼らの心の傷と喪失体験を承認してもらう必要があるということを教えてくれると、信じています。養親は幼い養子にこのように囁《ささや》いたらよいでしょう。「生んでくれたママが恋しいよね。あなたがママをなくさなくてはならなくて、私たちも悲しいわ」「(ママをなくすことは)本当につらいでしょうね？[1]」。この言い方は、養子の人生のあらゆる段階で、共感と同情を表すのに養親が使うことのできるものです。

1　養子にくる前に深い喪失感に苦しみました。あなたのせいではありません。

養子が必要とする一番目のことは、養子縁組と、それが感情と人間関係に及ぼす影響についての教育です。養子支援グループのリーダーとして、私は、大人になった養子たちが、私たち全員を結んでいる共通の感情の糸について学ぶと、このニーズが満たされるということを毎週目にしています。自己開示が進むと、恥の感情が剝《は》がれ落ちていくのです。あなたはこのような自己知識を、子どもに早くから教えてあげることができるのです。

養子たちは彼らの心の傷を――（この傷は）彼らにはコントロールできない、変えられない事実ではあるけれど、それが彼らの未来を駄目にするわけではない――自分の人生歴の一部として受けいれることを学ぶ必要があります。これは、養子であることの難関の一つですが、受けいれることができた暁には、素晴らしい成長と成熟をもたらします。養子であり、愛着のセラピストであり、養子縁組の教育者であるコニー・ドーソン博士はこのように言っています。「ある人が私に、『あなたは修復できない傷に苦しんでいる』と、言ってくれたとき、私の肩の荷が下りたのです。それまで私が受けたどのセラピーでも、『この傷を、きちんときれいに包むことはできない……この傷は治せない』と、言ってくれた人はいませんでした。こう言われたことで、私の最も深い暗い部分に吸い込まれないように、その溝の上にタラップをかけることができました。私は、生傷を癒すために、その端を焼灼することができましたが、それを治癒することはできません。もし治癒というのが、私が手当することによってそれが消え去ることを言うならば……。それは消え去りはしないし、私の足枷である必要もないのです。私が私であることについて謝らなければいけないと、私に感じさせるものでもなくて、ただ、私は自分自身の面倒をしっかり見る、というだけのことです。そして、私の残りの人生で、この傷が私に教え続けてくれるであろうことを、私は受けいれます」。

養子に必要なもう一つは、養親が自分たちの誤った罪悪感を脇に捨てておくことです。罪悪感を感じている親は、自分たちの防御の壁を下げて、子どもにも親にも防ぎようのなかった喪失体験を抱えた子どもの心の痛みに、介入していくことができません。

養親が、子どもの心の傷について聞いて、罪悪感に苦しむのは自然なことです。養親は、子どものトラウマを防げた方法を探す傾向があり、「もし……でありさえすれば」という文句をよく使います。

- この子が生まれたときに、私がその場にいさえすれば。
- 産みのお母さんをもっと前に知っていて、彼女の面倒を見ることができていたら。
- 養子縁組の問題とその扱い方について、もっと知っていたら。

どんな説明でも、たとえ罪悪感に苦しむという代償を払ったとしても、養親が子どもの苦しみに対して感じる絶望的な無力感に、対処していくことを助けるでしょう。シンシア・モナハンが『子どもたちとトラウマ』でこう言っています。「もし母親が、トラウマが、彼女自身の過ちであったとする何らかの方法を見つけられれば、未来のトラウマを避けられると信じることができます。罪悪感は、それが幻想であっても、無力感を克服するある種の力を与えます」。しかしこのような誤った考え方（子どものトラウマを養母が自分のせいだと考えること）が、間違った罪悪感のはじまりで、そのことに気づいて対処しないと、親子の愛着形成を妨げることになるのです。

1　養子にくる前に深い喪失感に苦しみました。あなたのせいではありません。

養子にとって最も必要なことは、批判されるおそれなしに、相反する感情を表現できる自由なのです。これが、解放と自由をもたらす癒しに向かう最終ステップです。心理学者で作家であるアーサー・ヤノフ博士は、『新・原初からの叫び』のなかで、こう言っています。「子どもとして、私たちはありのままの感情を親に表現する必要があります。親が無関心だと、私たち子どもは傷つきます。親が私たちの恨みがましい気持ちや、激昂を無理に押さえつけると、傷つきます。本当の自分でいることや、自然な行動ができなくなります。そのため、私たちの天性はゆがめられ、それが苦痛を引き起こすのです。もしあなたが、片腕の自然な動きをテープで留めてしまったら、その腕に痛みを覚えるでしょう。あなたが感情の自然な動きを止めれば、同じ結果になります。感情を表現するのは、空腹と同じように生理的な作用なのです」。

養子は、肯定的な面も否定的な面も、養子であることについての感情を表現するために、安全な場所が必要なのです。彼らの口からどんな言葉が出ようとも、守られ、無条件で愛されていると彼らが感じる必要があります。あなたは親として、子どもが悲しみと、養子になったことについての相反する感情を、自由に表現できる安全な環境を、あなたの家庭内にどのようにつくるかを学ぶことができるのです。

子どもが養子にくる前の喪失体験に耳を傾け、それに応えてあげることの練習が進むと、あなたを子どもの癒しから遠ざけていた、自己防衛・罪悪感・過保護という防壁を砕くことができます。そうしたら、子どもがあなたに知って欲しい二番目のことを聞く準備ができるでしょう。

2

私には養子縁組の喪失体験で生じた特別なニーズがあります。私は、そのことを恥じなくてもよいことを、教えてもらう必要があります。

よく晴れた八月の午後に、あなたが特別観覧席に座って、レースのはじまりを待っていると想像してみてください。ホットドッグ売りが通路を上り下りして品物を売り、ランナーは下のトラックでレースの準備をしています。空気はチョークの埃《ほこり》っぽい匂いがします。

ランナーたちはスタートラインにつき、スターターが前に出てきました。「位置について、用意、スタート！」号令とともにピストルが鳴ります。ランナーたちはいっせいにスタートを切りました。一〜二名が先陣を切り、他がすぐ後ろを追っています。観衆は興奮してきました。

ランナーの塊の後方の、他のランナーより遅い一人のランナーが、あなたの目に留まりました。びっこをひきながら走っているようです。彼女が近づいてくると、あなたは彼女が膝下に義足をつけていることに気づきます。心がざわつきはじめます。「彼女に何があったのだろう？　癌を患ったのかな？　自動車事故にあったのかな？」疑いなく、彼女が過去に身体のトラウマを負ったことがわかります。一命はとりとめたけれど、終生影響が残るようなトラウマだったのでしょう。

ランナーたちがゴールインするなかで、義足のランナーはまだ全力で走っています。「なんという勇気！　なんという信念！」。あなたは心の中で言います。「どこでレースを走れる特別な義足を手にいれたのだろう？　歩くだけではなくて、義足で走るのに、どれだけの時間練習したのかな？」

あなたの後ろから初老の紳士の声援が聞こえます。「いい子だ、大丈夫！　そのペースを続けろ」。彼女が完走すると彼は歓びの叫び声をあげます。「よくやった。やれると思っていたよ」。ランナーの目は彼の目を捉《とら》えるまで観覧席を見渡して、満面の笑みを浮かべます。

多くの大人になった養子たちは、このランナーの比喩に自分を重ねるのです。初期のトラウマで一命を失う結果にはならなかったけれども、養子縁組で起こる喪失感からくる感情的な、そして人間関係づくりへの影響は、とても現実的なものなのです。

知らなかったことの問題

このランナーの比喩について少し考えてみてください。もし彼女が特別な支援を受ける必要性について知らなかったとしたら、どんなことが起こったでしょうか？　もし義足のようなものがあると知らなかったら？　もし義足なしで走ろうとしたり、日常生活を送ろうとしていたら？

言うまでもなく、彼女が人生で成し得る可能性に、到達するのは困難だったでしょう。彼女が自分の特別なニーズを認知し、受けいれ、それを乗り越える域まで、到達しなかったでしょう。それどころか、彼女は私たちから見たら簡単な作業――歩くこと――にさえ、疲れ切ってしまったことでしょう。

これをあなたの養子にあてはめてみましょう。養子が特別なニーズを持っているということが認識されていないという前提が、本当だとしたらどうでしょう？　あなたは義足なしで子どもに人生を歩ませるでしょうか？　あなたは、子どもがそれを克服することに積極的に関わったり、学んだりすることよりも、無意味に苦労するようなことをさせたいですか？

これらすべてに「ノー」とお答えになることはわかっています。もちろんあなたは子どもに、人生が与え得る最上のことをお望みでしょう。でも、あなたは、この「特別なニーズ」という概念がよく呑みこめず、子どもがそのニーズのために、劣って見えることを怖れていらっしゃるのでしょう。劣って見えるなどということは絶対ないと保証します。それどころか、養子縁組の特別なニーズという概念は、子どもの「理解されたという感覚」を得る鍵になるのです。心の奥深くで、子どもは自分に特別なニーズがあるとわかっているのです。ええ、子どもは多くは語らないでしょう。でも、他のすべての子どもたちと、違うように感じることがあることを認めるでしょう。

あなたの子どもに必要なのは、誰かがその子が特別なニーズを容認するのを手伝ってくれて、その足に義足を履《は》かせてくれることです。その誰かは、情緒と人間関係の支援システム（家族・友人・医師・カウンセラー）で、子どもの特別なニーズを知っていて、あの初老の紳士のように観覧席で子どもを応援し、無条件で子どもを愛してくれる人たちです。あなたが養子縁組について率直であればあるほど、あなたの子どもの支援基盤は大きくなるのです。

2　私には養子縁組の喪失体験で生じた特別なニーズがあります。私は、そのことを恥じなくてもよいことを、教えてもらう必要があります。

その支援システムのなかで、あなたがキーパーソンでありたいと心から願っていることはわかっています。本章はあなたがそうなれるように書いていますので、読み進んでください！

特別なニーズの概念

私は、自分の特別なニーズを発見しはじめた頃に、自分自身がそのプロセスを辿った場所を忘れません。発見していく過程は、あたかも鳥を鳥籠から放したり、囚人を暗い監房から自由にしたりするようなものでした。それは、私の自己受容のための錠を外し、私を不具にしていた恥の感情から解き放つ鍵だったのです。

私は心理的に孤立無援で、おそらくそんなふうに感じるのは私一人だと思って恐ろしかったので、自分の確信——養子には特別なニーズがある——を確かめるために養子縁組の文献をあさりました。がっかりしたことには、特にこのテーマの文献はありませんでした。

唯一見つけたサポートは、セラピストのホリー・ヴァン・ガルデンとリサ・M・バーテルズ＝ラブが書いたもので、彼らは『本当の親、本当の子どもたち：養子に対する親の仕事』のなかでこう述べています。「〝特別なニーズのある子どもたち〟という言い回しは、養子縁組のなかでかなり特定の言い方として使われますが、すべての養子が特別なニーズを持っていると確信しています——産みの親に育てられた子どもたちが直面することのないニーズです」。

数週間後、私は一六歳から六〇歳までの養子たちのサポートグループで、私の個人的な確信と、個々の養子が持つ特別なニーズのリストを紹介しました。私が読みあげると、皆うなずき、目には涙を浮かべました。メンバーたちは「理解されなかった」という感情を、はじめて言葉にしました。皆が求めていたものに触れたのです。

「これまでずっと、セラピーを受けてきているけれど、私をどうしたらいいか、誰もわからなかった」と、二〇歳の女性が言いました。六〇歳の紳士は、「カウンセリングで、これまでの私の人生の課題を全部検討したのに、それでもまだ惨《みじ》めでした。それでようやくカウンセラーと私は、養子縁組自体を顕著な課題として考えはじめたのです」と、言いました。

特別なニーズについての、私の確信を発展させる次の段階は、養子縁組に関しての特別なニーズを定義づけることでした。もう一度言いますが、あの時点で、養子について書かれた文献には、そんな定義づけはなかったのです。

探求半ばで、ラリー・B・シルバー博士の『誤解された子ども』という本が私の注意を引きました。養子としての私は、誤解されていたと過去に感じていたし、グループの養子仲間も同じ思いでしたので。きっと、シルバー博士は養子についての章を書いているだろうと思いました。

ページをめくっていくと、著者が学習障害の子どもたちに使っている定義を見つけました。「学習障害の子どもたちには、他の子どもたちと同様に強みもあるし平均的な能力もある。ただこの子たちは、ほとんどの人に比べて、少し広域の、あるいは別の領域で、学習能力の弱みを持っているのだ」。

「きっと養子も、他の子どもたちのように、強みも平均的な能力もある」、と心の中で思いました。その部分の定義はあてはまります。「そしてきっと、養子はほとんどの人に比べて、広域に、あるい

2　私には養子縁組の喪失体験で生じた特別なニーズがあります。私は、そのことを恥じなくてもよいことを、教えてもらう必要があります。

は異なるところで、感情的に弱いところがある」。二組の両親が存在して、二重のアイデンティティーの問題を解決しなければならない者にとって、ここの定義もあてはまりますね。未来の喪失を懸念することにかけて、すでに底知れない喪失を経験している養子ほど、弱い人たちがいるでしょうか？

この定義は、私自身の特別なニーズと、それがどのように、私の過去の五三年間の人生を形づくってきたかを、理解しはじめる手がかりとなったのです。

養子には皆特別なニーズがあるのでしょうか？

この時点で、あなたは自分の子どもを守りたくなったのではないでしょうか？「私の子どもには、あなたが言うような感覚はないわ。私が子どもに、あなたには養子縁組の喪失体験からくる特別なニーズがあるなんて言うと、子どもはレッテルを貼られて、決めつけられたと感じるのではないかしら？　その方がむしろ残酷で、子どもを挫折させてしまうと思うけれど」。

真実はまったくその反対なのです。特別なニーズという概念は、逆説的ですが、それが養子に慰《なぐさ》めと、わかってもらったという感覚をもたらすのです。ちょうどそれは傷口に塗る軟膏のようなものなのです。多くの養子は自分自身と他の人々に、自分には特別なニーズなんてないと思い込ませようとします。傷つきやすいところを体内に閉じこめておく名人なのです。でも表面下には、しばしば憂鬱があるのです。激怒。当惑。アイデンティティーの混乱。喪失への怖れ。恥。方向性の欠如。感情の忍耐力の欠如。ストレスに対する弱さ。原因のない不安感。

著名な精神科医で作家でもあるフォスター・クライン博士は、『宝石の中の宝石：養子縁組ニュース』の寄稿文のなかで、すべての養子には特別なニーズ（感情面でのある傷つきやすさ）があると言っています。「ほとんどの養子には傷つきやすさがあると、この頃私は信じている。道徳的に正しい表現で言えば、彼らの遺伝的特徴は〝脆弱さ〟と言える。こういったことが皆、（胎児の）神経系の発達に影響することが証明されている。妊娠中のストレスと薬物乱用は、心理的な問題だけでなく、脳神経回路形成と神経系の問題を引き起こす。海外から養子をもらう人々は、往々にして初期にネグレクトを受けた子どもたちをもらうが、ネグレクトもまた神経系に障害を与えるのである」。

養子縁組の喪失体験からくる、特別なニーズが認められて、それを話題にできたとしたら、養子たちの人生（子どもでも大人でも）をどれほど違ったものにできるでしょうか！

養子たちの特別なニーズとは何でしょうか？　以下が、私の経験と、調査研究と、養子として成長するとはどういうことかを、大人の養子たちが思いだして語った物語から引き出して、つくったリストです。

養子の特別なニーズ

養子は一人ずつ違うので、私のリストをお読みになって、これを出発点として、あなた自身のリストをつくるのだと心に留めていてください。あなたの子どもを研究し、子どもの遊びに加わり、他の

2　私には養子縁組の喪失体験で生じた特別なニーズがあります。私は、そのことを恥じなくてもよいことを、教えてもらう必要があります。

子どう関わっているかを観察すること。こういう活動で、あなたの特別な子どもの、特有なニーズのリストをつくることができます。

感情のニーズ

- 私は、養子縁組の喪失体験に気づいて、悲しむのを手伝ってもらう必要がある。
- 私の産みの親が、私を育てないと決めたことは、私に何か欠陥があったからではないと、確信させて欲しい。
- 拒否されることへの恐怖感に、私が対処できるように学ばせて欲しい——親がそこにいないことは私を捨てたということではなく、閉まっているドアは私が悪いことをしたからではない、ということを学べるように。
- 私の養子縁組に対する感情と空想のすべてを、表現することを許可して欲しい。

教育のニーズ

- 養子縁組には素晴らしい面もつらい面もあって、関わる人は皆一生にわたる課題を抱えるのだと教えてもらう必要がある。
- 最初に私の養子縁組について、次に誕生時の話と産みの家族の話を知る必要がある。
- 私の特別なニーズを、健全な方法で満たすことを教えてもらう必要がある。
- 私は他の人々が、養子縁組や、私が養子だということについて、傷つくようなことを言うのに備える必要がある。

確認のニーズ

・私の血の繋《つな》がった親と養親から受け継いだ、二重の伝統を確認したい。
・私は歓迎されていて、かわいがられる価値があるということを、常に確認させて欲しい。
・私が遺伝的に異なっていることを養親が喜んでいて、私を通して、産みの家族が今の家族に独特な貢献をしたことに感謝している、と養親に何度も気づかせて欲しい。

親のあり方へのニーズ

・私に必要なのは、自分たちの感情処理に長けていて、私の成長の健全な役割モデルになり、私に負担をかけさせずに、私自身の発達に自由に集中させてくれる親である。
・私に必要なのは、養子縁組についての先入観を捨てて、養子縁組の現実と、養親家族が直面する子どもの特別なニーズについて、喜んで教育を受ける親である。
・私に必要なのは、養親が隠さず不妊と養子縁組についての感情を表現することで、私たちの間に親密な絆を結ぶことである。
・私に必要なのは、養親と産みの両親が、競わない態度を保つことである。そうしてもらわないと、忠誠心の問題で私が困ってしまうから。

2　私には養子縁組の喪失体験で生じた特別なニーズがあります。私は、そのことを恥じなくてもよいことを、教えてもらう必要があります。

人間関係のニーズ

・他の養子たちと、友だちになる必要がある。
・産みの家族を探すことを考えるときと、探すのを諦めるときがあるということを教わる必要がある。
・もし産みの家族に拒絶されたら、その拒絶はその家族がうまく機能していない徴候で、私が駄目《だめ》なわけではないことを思いださせて欲しい。

精神的なニーズ

・私の人生の物語は私が生まれる前からはじまっていて、私の人生は間違いではないと教えて欲しい。
・この壊れているつらい世界で、愛情ある家族が、養子縁組によっても、出産によってもつくられるということを教えて欲しい。
・私には人間としての本質的で不変の価値があると教えてもらう必要がある。
・私の養子縁組に関わる質問のなかで、終生答えがわからないものもあることを、私は受けいれる必要がある。

親としての最大の課題は、最初に出てきた子どもの特別なニーズを見つけて、子どもがそれを言葉にするのを助けることです。そうすると、子どもが自分ではコントロールできないと感じていたことを、支配しコントロールできたという感覚を与えることができるのです。子どもを癒すには、あなたと子どもの間の、正直で建設的な対話が中心となるのです。

ひとたびあなたが親として、あなたの子どもの特別なニーズへの深い理解を獲得すれば、今だけでなく、終生あなたの子どもが必要とする支援を与えられるようになります。一方、子どもの特別なニーズは、その子が成長するにつれ、その人間性の強さと共感能力の源泉となっていくのです。

養親にできること

・あなたの家の近くに、養子縁組のサポートグループを探すか、ご自分ではじめること。
・『養子縁組についての幼い子どもたちとの話し合い』——スーザン・フィッシャー医師、メリー・ワトキンス博士共著（イエール大学出版局、一九九五年）を読むこと。
・あなたの子どもに、養子縁組の本を読み聞かせること。幼い子どもには以下の本がよいでしょう。
『マリオの大きな質問——僕はどこの子？』——キャロライン・ナイストロム（リヨン出版社）
『桑の鳥——ある養子縁組のお話』——アン・ブロジンスキー博士（パースペクティブプレス）
『二匹の親なし仔犬』——バーバラ・ブレンナー、メイ・ガレリック（ウォーカー出版社）

2　私には養子縁組の喪失体験で生じた特別なニーズがあります。私は、そのことを恥じなくてもよいことを、教えてもらう必要があります。

『ブライアンは養子になった』――ドリス・サンフォード（マルトノマー出版社）

・図書館でアートセラピーの本を借りて、あなたの幼い子どもとアートセラピーを行うこと。これらがお薦めできる本です。

『遊びの癒しの力』――グライアン・ジル（ギルフォード出版社）

『子どもの世界の内面の景色』――ジョーン・アラン（スプリング出版）

『描画の隠された世界』――グレッグ・M・ファース（シゴ出版社）

・フォスター・クライン博士の提案は、「大きなクラフト紙に子どもを寝かせ、身体の輪郭線を親がなぞり、等身大の子どもの身体を用意する。その身体に子ども自身が大きな穴を描く。その穴は、子どもが時々感じる空虚な感覚を表す。この親子の共同作業は、子どもとの間の意味深い話し合いのきっかけとなる」ということです。

ティーンエイジャーの子どもとでは

・『成功の物語……両親と子どもたちで分かち合う試み・試練・成功』という題のテープを聴くこと。リソースフル・レコーディング（＋1(203)235-2230）に注文。

・ビデオ『ジョニ』を見ること。これは四肢麻痺障害になった若い女性が、作家・画家・歌手・講演者になって、障害者のために活動する物語です。巻末に入手方法を記載します。

人生のレースで、子どもを応援するあなたの役割が、いかに重要であるかを、決して忘れないでください。あなたが子どもの義足であり、特別な支援者なのです。あなたは、子どもの独特の弱みと強みを本当に理解できる、数少ない一人なのです。私には、あなたが観覧席から「頑張って走り続けなさい！　あなたにはできるよ！」と声援を送る姿が目に浮かびます。

あなたが切に願っているように、子どもがあなたからの特別な支援、愛を受けとるためには、まず養子縁組の喪失体験を悲しまなければなりません。次章はそのことについて話しましょう。

2　私には養子縁組の喪失体験で生じた特別なニーズがあります。私は、そのことを恥じなくてもよいことを、教えてもらう必要があります。

3

喪失を悲しまなければ、あなたや他の人たちからの愛情を受けとる私の能力は、妨げられてしまうでしょう。

あなたの子どもが、あなたに知って欲しい第三のことは、養子縁組での喪失体験を悲しまないでいると、愛情を受けとったり、あなたや他の人々に対して愛着のある意義ある人間関係を結ぶ能力が、酷《ひど》く妨げられてしまうだろうということです。

コーネル大学の精神医学教授のダニエル・N・スターン博士は、その著書、『乳児の対人世界』のなかで、「養子であるかないかにかかわらず、すべての子どもたちには、健全な大人に成長するために達成しなければならない、一定の発達課題がある」と、言っています。さらに彼は、「発達の第一段階（生後〇～三ヶ月）は恒常性で、それは乳児がリラックスして、覚醒して周囲に反応し、興味を持ったりするときに起こる。第二段階（生後四～七ヶ月）は愛着の絆を結ぶときで、乳児は養育者に関心を持ちはじめ、特に養育者の笑顔や撫でてもらうことに、歓びと興味を持って反応する。第三段階（生後八～一八ヶ月）では、乳幼児はもっと広範囲な社交的に意味のある行動をするようになり、人との相互のやりとりから、その人から離れることもできるようになる」と述べています。〔訳者注：二〇一八年の現時点では、出生から三ヶ月までが保護者に対する良い依存症＝深い、切っても切れない愛着関係をつくる重要な時期であることが証明されています。また愛着の絆は、胎児期から結ばれはじめると言われています。〕

乳幼児が、各段階でこの発達課題を達成しなかった場合には、高次の段階での発達課題を達成しようとするときに問題が起こります。例えば、乳児が第一段階でリラックスすることを学習しなかった場合、その子どもは次の段階（愛着の発達）へ進むのが、難しくなるでしょう。

私自身の人生のはじまりを思い返すと、私は第一段階のリラックスすることと反応することに、もう問題がありました。養子にきた第一日目で、私は明らかに悲しみの徴候を示していました。子どものときに、両親にこう言われたのを憶えています。「あなたをもらったとき、あなたが何も食べようとしなかったものだから、お医者様が胃を広げる薬をくださったのよ」。私が食べることを拒否したのは、生まれたときに、母親を失った悲しみの反応だったと思っています。私は、生母の近くに再び行くという望みを諦めたのです。

興味深いことに、人間も動物も同様に、この悲嘆するような行動を示します。ウィリアム・J・ワーデンの『グリーフカウンセリング――悲しみを癒すためのハンドブック』のなかで、コンラッド・ローレンツがこのことを、灰色雁のパートナーとの離別で説明しています。

パートナーがいなくなったことに対する最初の反応は、彼をもう一度見つけようとする、不安に満ちた試みである。雁は昼夜休みなく動きまわり、非常に遠くまで飛んで、パートナーが

3　喪失を悲しまなければ、あなたや他の人たちからの愛情を受けとる私の能力は、妨げられてしまうでしょう。

見つかるかもしれない場所を訪ね、三音節の染み透るような呼び声を、遠方へ響き渡らせる……その探索の遠征は、遠くへ遠くへと進み、しばしば探している方が道を見失ったり、事故に遭う羽目になる……。パートナーを失った雁の、客観的に観察できるすべての行動の特徴は、だいたい人間の悲嘆と同じだと言える。

愛着の専門家であるコニー・ドーソン博士は、アメリカ養子縁組会議へのメッセージで、韓国の軍事行動直後の東南アジアにおいて宣教師であった女性の経験した話で、新生児の悲しみの反応を伝えています。宣教師と夫は、はじめての子どもの誕生の際に、家族の近くにいられるように、ニュージーランドへ帰りました。そのときニュージーランドの病院は、大変に混みあっていたので、出産予定日に部屋を確実に取れるように予約が必要なほどでした。

予定日を二週間過ぎたので、宣教師が産気づいたときには彼女の出産に使える場所は、通常は未婚の母のための小さな病院だけでした。そこにいた赤ん坊の半分は、養子に出されることになっていました。彼女がコニーに語ったことには、「私の部屋は、育児室から出た廊下の先にありました。私は赤ちゃんたちの泣き声を、決して忘れることはないでしょう」。

コニーがその泣き声について尋ねると、その宣教師は言いました。「そうですね。引き離される小さな赤ちゃんたちの悲嘆の声は、私の心を引き裂くような泣き声でした」。

養子に出される子どものグループと、お母さんと一緒に家に帰る子どものグループの違いについて尋ねると、宣教師は言いました。「考えつくのはPではじまる言葉ばかり……〝懇願するような

(Pleading)〟・〝物悲しい（Plaintive）〟……まるで赤ちゃんたちがすでに諦めてしまったような……」。

これが喪失後の悲しみの現実であり、しばしば放棄に続く養子縁組の悲しみの現実なのです。

養母であり養子縁組の専門家でもあるメリー・ワトキンスとスーザン・フィッシャーは、『養子縁組についての幼い子どもたちとの話し合い』で、一人の幼児が、悲しみを体で表現するようすを描写しています。「何日間か続けて、昼寝の時間に、その子は養子になったときの話で、デイケア仲間を楽しませていました。『赤ちゃんのときにね、私はエル・サルバドールから長く・長く・長く飛行機に乗ってきたの。それでママとジェニーとミミが、空港に私を迎えにきたの』。子どもたちが『飛行機で何か食べた？』と尋ねると、『チキンとライス、それで私は哺乳瓶を廊下に投げ捨てちゃった』と、答えたのです」。

年長の養子たちは、別のやりかたで悲しみを表明するでしょう。養子であり、養子縁組についての教育者であるマーシー・アクスネスは、『心に何が書かれているか』で、こう言っています。「大人になってからは少し減りましたが、若いときに私はものをなくしたり忘れたり、し続けていました。もっとへんなことは、今すぐにそれが必要でないと思ったからというだけで、ちゃんと使えるものを捨てていたのです。ティーンエイジャーの初期には、万引きもはじめました。今は理解できるのですが、それは私自身が産みの親を失くして、忘れられて、捨てられて、何度も盗まれて、この人からさらわれたと感じた、行動記憶の表現だったのです」。

養子のなかには、養子縁組の喪失体験に気づかずに、何かを達成することで、つらさを抑制する人もいます。元ＮＦＬ選手の、ティム・グリーンのケースがそれです。彼の素晴らしい自叙伝『ある男

3　喪失を悲しまなければ、あなたや他の人たちからの愛情を受けとる私の能力は、妨げられてしまうでしょう。

と母親：養子の息子の探求』で、グリーンは、子ども時代から大人になるまで、彼を悩ませた恐ろしい夢を告白しています。彼はこう言っています。「私はあの頃、自分の誕生の不明確な状況と、あの苦痛に満ちた拒絶の再現をどうしても避けたいという駆りたてるような思いが、あの悪夢を強化しているとは思いもよらなかった。私はただ、悪夢が魔法のように去ってくれないかと願うばかりだった」。悪夢がやっと収まったのは、彼が解決できていなかった、喪失の痛みに向き合うようになってからでした。

私がこのような例をこの本に入れるのは、あなたを怖がらせるためではなくて、あなたが第一日目から子どものニーズに気づくのを助けるためなのです。あなたが賢明に、共感と理解を持って、喪失体験と効果的な対処の問題のバランスを取ることができるように、次章以降でもこの両方について強調して取りあげていきます。

養子の悲嘆についての知識を得たからには、あなたはこう言うのではないでしょうか。「養親にできることは何ですか？　私たちの赤ちゃんが、この段階での喪失体験を悲しんで、私たちの愛情を受けとることができるように助けるには、どうしたらよいのですか？　よちよち歩きのときや、学齢期や思春期に、どうやって子どもをサポートするのでしょう？」

このことは次章でもっと話しますが、まずは悲嘆とは実際にどういうものなのかについて、明確に理解しましょう。

・悲哀

・嘆き
・痛み
・悲しみ
・苦悶
・絶望
・思慕

「私の子がすでにこのすべてを経験したのだという考えには、とても耐えられない」と、あなたは思っているかもしれません。「親として、すごく無力な気持ちになります」。いいですか、あなたは一人ではないのです。私が話をしたほとんどすべての養親の方々は、養子縁組に伴う苦痛について学ぶと、同じ気持ちを表します。

多分あなたは、「悲嘆するなんてことが、本当に必要なの?」と、不思議に思うでしょう。そうなのです。苦痛を通り抜けて、自由にいたらなければならないのです。ひとたび養子縁組の喪失体験が認識されると、悲嘆の監獄の門が、新しい世界に向かって開かれるのです。あなたの子どもが喪失体験を組み直して、養子縁組こそが、人生の最も価値ある学びをいくつもくれたとわかったら、どんなに素晴らしいことでしょう。そこには抑うつと悲しみの代わりに、歓びがあるのです。あてのない彷徨の代わりに、目的のある人生があるのです。自分は二級品だという感覚の代わりに、自分自身がありのままで愛され、受けいれられていることを知るのです。

3　喪失を悲しまなければ、あなたや他の人たちからの愛情を受けとる私の能力は、妨げられてしまうでしょう。

嘆き悲しむことが癒しをもたらす

嘆き悲しむことが必要なのです。悲しむことは喪失体験に対する自然な反応なのですから。それは、自身を癒そうとする心のやりかたなのです。魂にとって悲嘆は、身体にとっての熱のようなものです。精神科医のジョージ・エンゲルスは『心身医学』での論説で、重い傷や火傷を負うことが肉体的トラウマであるのと同様に、愛する者を失うことは、心理的トラウマであると述べています。彼は、悲嘆は健康な状態から外れていくことを表していて、生理学的な領域で、身体をバランスの取れた状態に戻すために癒しが必要なのとまったく同じように、嘆き悲しむ者を平衡状態に戻すには、一定の期間が必要だ、と論じています。

養子であることは一生の旅なので、その人生を通して起こる喪失体験によって大元の喪失体験の感覚記憶が呼び起こされるため、養子は人生のさまざまな節目において、自分自身の感情に快適でいられる方法を、学ぶ必要があるのです。悲しいときには涙を流さなければなりません。遺棄、拒絶、裏切りにあったときには、怒りと嘆きを言葉にしなければなりません。気持ちを抑えてはいけないのです。

もしあなたが、第一日目から、あなたの子が大元の喪失体験を悲しむのを手助けすることができたなら、将来その子の喪失を悲しむ能力は、大いに高まることでしょう。なんてよい贈り物を、子どもにあげられることでしょう。次章で、子どもが喪失体験を悲しむのをどのように助けるか、実践的なアイディアをご紹介します。でもまずはじめに、皆が悲嘆の過程を適切に理解しているかどうか、確認しましょう。

悲嘆のプロセス

本書のための調査で、私は養子縁組の喪失体験を悲しむことについての情報を、何も見つけられませんでした。幼児突然死症候群（ＳＩＤＳ）、流産、妊娠中絶、死産、自殺のような特別な悲しみを扱う本はありましたが、養子縁組に特化したものはありませんでした。私は、養子縁組は特別な喪失体験で、それを悲しむことは自然で、必要な反応だと信じています。

悲しむことは過程（プロセス）であり、それを言い表す説明や理論、用語は、心理学者によって違います。著名な作家で医師（監訳者注）のエリザベス・キュブラー＝ロスは、悲嘆の過程を否認・怒り・取引・受容というステージで描写しています〔原文のママ〕。他の人たち、例えば人格形成の領域を牽引した、研究者で教育者のジョン・ボウルビーのような人たちは、悲嘆をフェーズで定義しています。この両者のアプローチは喪失のほとんどの形を満足させるものかもしれませんが、私には、養子縁組の喪失体験にもう少しぴったり合うように思える、別のアプローチがあるのです。

ハーバード大学医学部の心理学教授のウィリアム・Ｊ・ワーデンは、悲嘆の過程に関して、「やるべきこと」という概念を教えています。彼のやりかたでは、悲嘆の過程は外部の人からの介入で影響され得ることと、悲嘆者自身にできることがあることが示されています。それに比べて伝統的な悲嘆の理論は、悲嘆者側の主体性の欠如があることを暗示しています。

3　喪失を悲しまなければ、あなたや他の人たちからの愛情を受けとる私の能力は、妨げられてしまうでしょう。

セラピストのホリー・ヴァン・ガルデンとリサ・M・バーテルズ＝ラブは、『本当の親・本当の子どもたち』のなかで、人を遠ざけるということが、小さな子どもたちが、解決されていない悲しみの反応として、主体性を出さず、受け身であることを示す形態の一つである、と言っています。「人を遠ざける行動には、いつも汚い格好――服装や衛生状態など――をしていることも含まれる。子どもは新品の洋服をわざと駄目《だめ》にしたり、ずっと不潔な状態のままでいるかもしれない。その子は無意識に、スクールバスの運転手や先生たちが、養親家庭が貧しいか、その子をネグレクトしていると考えることを願っているのだ」。

一人の養子の男性がこう言って彼の主体性の欠如を表現しました。「僕には他の人がやるように、何かをねだる権利はないと、いつも信じ込んでいたんだ。生活上のほんの仔細なことでも、自己主張しなければならないと思うと緊張する。妻が自己主張するたびに、僕は穴に入りたくなるんだ」。ある中年の養子の女性は、「私の内面にいる孤児の私は、一人きりで、誰にもくっついていないのが快適なの」と、言いました。

この時点で、すべての養子が愛着に問題があるのではないことを付け加えさせてください。愛着と絆の専門家のグレゴリー・C・ケック博士の、『宝石の中の宝石：養子縁組ニュース』のための論説によれば、「愛着障害と養子であることは、必ずしも関連はない。多くの養子は、愛着障害ではない。しかしながら、愛着障害を持つ人々の多くは、養子である。人々は往々にして養子縁組を、状態や地位としてではなくて、一つの診断名として話をする。私はそのことを危惧する。おそらく私たち全員が、これまでの人生で、愛着と離別の課題をもったことがある筈だ」。

ワーデン博士の「やらねばならない仕事」を起点とする方法は、養子縁組の喪失体験を悲しむために、おあつらえの方法のように思われます。なぜならこのアプローチは、両親が、子どもと早い時期に、何度か会話をすることで悲しむことを促し、両親を赤ちゃんや子どもの現実に近づかせ、養子が主体性を発揮させない傾向（諦める傾向）を最小限に抑えるからです。

ワーデンの悲嘆への取り組み方法は、多くの養子にとってよいモデルであると想定して、もう少しよく検討して見てみましょう。

悲嘆の過程での四つのやるべき仕事

ワーデンの説明する第一の仕事は、喪失の現実を受けいれるということで、そのなかには「その人」との再会が不可能だということを信じることも含まれます。この仕事を養子縁組にあてはめるにあたって、私たちが最初にしなければならないのは、「再会」という言葉を定義することです。実際、養子縁組では、「再会」という言葉には三つの次元があるのです。

まず、養子が胎児期に戻ることができるとすれば、第一の再会は起こるでしょう。養子が養子になる前の状態に戻ることができれば、二番目の再会は起こるでしょう。その次元では血縁の両親が唯一の両親です。この二つの再会は、養子には成し遂げることのできないものです。養子は、胎内にいたときのような親密なやりかたで産みの母を知ることも、血縁の両親を唯一の両親だと体験することも、決してないのです。

3　喪失を悲しまなければ、あなたや他の人たちからの愛情を受けとる私の能力は、妨げられてしまうでしょう。

でも特筆すべき興味深いことは、養子にとってもう一つの次元の「再会」があるということです。一見失われたと見える関係の下に眠っているのは、いつか将来、養子縁組後に再会するかもしれないという微《かす》かな希望です。そのため、養子の仕事は、最初の二つの再会の現実を受けいれながら、起こるかもしれない再会を、楽しみに待つことです。これは控えめに言っても困難な仕事です。困難ではありますが、達成不可能ではありません。多くの養子がこの挑戦を掲げ、過去は過去として未来を受けいれることを学びました。

幼い養子が、最初の二つの喪失の現実を受けいれるためには、親がそれが真実だと認めることが一番よい方法なのです。心理セラピストであり、「出生前後心理学と健康協会（ＡＰＰＡＨ）」の前ロサンゼルス支部長のウェンディ・マッコード博士は、マーシー・アクスネスとのインタビューのなかでこのように話しています。「養子になったすべての赤ちゃんは、大概ショック状態にあり、それは最も重篤なトラウマなのです。そういう赤ちゃんはたくさん抱かれる必要があり、本当に共感してもらう必要があり、赤ちゃんの示す行いを喪失という観点で解釈してもらう必要があります。このことを否認する両親は、赤ちゃんがすでに苦しんでいるトラウマに、もう一つのトラウマを加えることになります」。

マッコード博士は、喪失と悲嘆についてのこれらの事実は、言葉にする必要がある、と続けました。「私はあなたが期待していたお母さんではないのよ。私は産みのお母さんのような匂いはしないし、お母さんの声とも違うの。私は別のお母さんだけれど、あなたを愛していて、絶対にあなたを置いていかないからね」というように。

子どもが大きくなって、産みの両親と養子縁組後の再会を考えるようになるにつれて、この第一の仕事を適切に進行するために養親ができる最良のサポートは、何も隠さず温かく、産みの両親の存在を認め、子どもがいつか彼らと再会することはあり得ることだと請け合ってあげることです。もちろん、情報開示型養子縁組（オープン・アダプション）ではこれは必要ありません。その場合はすでに産みの家族との行き来が行われているでしょうから。

第二の仕事は、悲嘆の痛みを処理していくことです。処理されていかないと、例えばキレる、放火する、動物虐待、摂食障害、攻撃性や抑うつや自殺、犯罪的な行動といった他の徴候として表れるかもしれません。画期的な著書『原初の傷』の著者であるナンシー・ヴェリエはこのように言っています。「カリフォルニア州サンタ・アナ市の『子育てに関する情報』に使われた一九八五年度の統計調査によると、養子は国の人口の二〜三％しか占めていないが、居住型の治療センター・少年鑑別所・特殊学校の入所者の三〇〜四〇％を占めている」。

養子になる前の喪失についてもう一度考えてみてください。養子にとって、その心理的な人生は二つに分断されているのです。すなわち、養子になる前と養子になった後です。その間には（養子が意識していようといまいと）深い裂け目があり、そこは、自分ではどうすることもできないという無力感と、拒絶と、コントロール喪失の場所なのです。養親にとってとても重要なことは、ここがまさに親としてのあなたとの愛着が起こる場所である、ということを肝に銘じておくことです。あなたが子どもと一緒にその場所に行くと、喪失と悲嘆のさなかに愛着の絆が形成されるのです。子どもと一緒にこの場所に行くには、勇気とあなた自身の感情処理が要求されます。まず自分たちが行ってみないこ

3　喪失を悲しまなければ、あなたや他の人たちからの愛情を受けとる私の能力は、妨げられてしまうでしょう。

とには、他の人をそこに連れていくことはできません。子どもたちの痛みは私たちを怯えさせ、顔を背けさせることでしょうから。

悲嘆の第三の仕事には、新しい環境に適応することが求められますが、養子にとって新しい環境というのは、大概挑戦なのです。養子がしなければならなかった最初の適応は、養子にきた家庭への適応だったということを心に留めていてください。慣れ親しんでいたものは、すべて失われたのです。養子の感情的な現実は、その子のまわりで起こっていたことと反対だったのです。

環境の変化に対する傷つきやすさは、手放された子どもの場合は年長になっても起こります。感情の問題は、乳児の場合と質は似ていますが、今まで慣れ親しんだものから引き離されたというトラウマが、それに加えられています。

七歳のアマンダは、母親が精神疾患で衰弱していくので、家庭から離されなければなりませんでした。「恐怖、それが私の感じたものでした。……未知のものに対する怯えと絶対的な恐怖。私は、誰も信用できないのではないかと心配でした」。新しい家に向かって車に乗っている間、彼女は、彼女の過去との繋《つな》がりになる、少しでもリラックスするのを助けてくれるような、何か馴染《なじ》みのあるものを摑《つか》もうとしていました。新しい家では、彼女は自分のおもちゃや服を、自分だけのものにしたがるという行動で、感情を表現していました。「私の家族のメンバーを、誰にも取り替えさせない」というのが、彼女の支配的な記憶でした。

ワトキンスとフィッシャーは、『養子縁組についての幼い子どもたちとの話し合い』のなかで、似たような問題を持った三歳の子どもについて書いています。「そのインド人の子どもは、インド人の養子たちとその両親たちのためのパーティが催されている教会に、入るのをためらっていた。父親と四五分間外で待ったあと、彼女は、あのサリーを着た白人の女性が自分のお母さんなのか、と尋ねた。父親がそうではないと言うと、彼女は、お母さん（養母）と、インドの産みのお母さんと、インド人でこのパーティに出席している筈の洗礼上のお母さん（教母）と、彼女のお祖母さんの違いに、大変困惑しているということを打ち明けた」。

支援グループにいる大人になった養子たちは、新しいグループに入ることや、新しい試みに取り組むことがしばしば困難だと言います。失業中の養子の男性は、こう告白しました。「仕事の面接に行くたびに、その都度養子縁組の候補として見られているような気持ちになるのです」。

四番目の仕事としては、悲嘆者が、失った人の位置付けを変えて、人生を前向きに進むことが要求されます。失った人の位置付けを変えるとは、養子用語で言うと、産みの家族について考えることを自分に許可しながら、産みの家族に向けられた感情のエネルギーを引き抜き、そのエネルギーを他の人間関係に再投資することを選ぶ、という意味です。つまり、養子はもう産みの家族のことに憑りつかれることはありません。産みの家族についての思いは、やがては軽くなっていくのです。

情報開示型養子縁組（オープン・アダプション）や後の人生での再会を別にすれば、失った人の位置付けを文字通りに変えることは不可能でしょう。養子縁組が非開示もしくは半開示で行われた場合には、子どものさまざまな発達段階で、養親から養子へ、産みの母親や産みの家族についての情報を与えることが必要です。もし、多くの国際養子縁組の場合のように、養親が情報を持っていなければ、そのことも、もう一つの喪失として悲しまなければなりません。

3　喪失を悲しまなければ、あなたや他の人たちからの愛情を受けとる私の能力は、妨げられてしまうでしょう。

あるお母さんが話してくれました。「娘が一三歳の誕生日を迎えた頃、養子であるということのすべてが、一トンのレンガのように彼女を打ちのめしました。彼女は泣きながら『せめて産みのお母さんの名前だけでも知ることができたら』と言ったのです」。

養母は産みの母の名前を知らなかったのですが、賢明にもこう訊きました。「お母さんがなんていう名前ならいいと思う？」

その娘が名前を選んだら、養母は「では、お母さんはそういう名前ということにしましょう」と言ったのです。養子の子どもを慰《なぐさ》め、失ってしまったお母さんの位置付けを、その子の意識のなかで移動させるのに、それで十分だったのです。その時期より以前には、その娘は、産みの母について考えることが許されているとさえ思っていなかったでしょう。

養子が産みの母を感情的に位置付ける他の方法として、産みの母について質問をしはじめたり、生母の行った高校を探しあてて、卒業アルバムの写真を見つけたり、あるいは自分が生まれた病院を訪ねたりすることがあるかもしれません。しばしばこうしたちょっとした繋《つな》がり一つで、すべての必要性が満たされるものです。

以上が、愛着形成のために、養子が通り抜けなければならない悲嘆の四つの仕事です。次は、養子はなぜ時々悲嘆することに失敗するのか、について話しましょう。

未完で終わった悲嘆

愛着の専門家たちは、人生の最初の二年間に、何千回も繰り返し起こる一つのサイクルがあると言います。まずはじめに（乳幼児の）ニーズがあります。満たされないニーズは癇癪《かんしゃく》や怒りとして表現され、子どもはそのニーズが満たされることを期待します。保護者がそれを満足させれば、その保護者に対する信頼感が育ちます。満足させるものには、食べ物、撫でてもらうこと、目を合わせてもらうこと、やさしく揺すってもらうことや、その他あらゆる保護者からの何らかの刺激などが含まれます。

養子になることによって、このサイクルが中断されると、他人は自分のニーズを満たしてくれないので信じられない、と学んでしまう子どもがいます。そういう子どもたちは、その代わりに自分だけを信じるようになるのです。一方、回復力がありリラックスして、問題なく愛着関係に入ることができる子どももいます。産みの母の妊娠中のセルフケアが、ここでの大きな決定要因となります。

マーシー・アクスネスはその素晴らしい小冊子、『心に何が書かれているか：養子であることの原初的な問題』でこう言っています。「胎児にとって、生母の感情の状態が、全宇宙の状態なのです。ストレスを受けている生母の慢性的な不安は、成長している生命に、これから危険に満ちた環境に生まれるのだよという意思伝達をするので、胎児の神経系統はそれに適応するように発達するのです」。

子どもが悲しむことに失敗して、愛着関係を結べずにいるかどうかを、両親はどうやって知ることができるのでしょう？　グレッグ・ケック博士は、「愛着の欠如の徴候は乳児期の摂食障害や、赤ちゃんが背中を反らせてこわばったり、触られるのをいやがったり、アイコンタクトをしなかったりなどで早期に明らかになる。最も難しい子どもたちというのは、病院で養親に引きとられて、産みの

3　喪失を悲しまなければ、あなたや他の人たちからの愛情を受けとる私の能力は、妨げられてしまうでしょう。

母親に一度も触れられたことのない子どもたちだ。そういう子どもたちは病院から家への道中泣き続け、泣くのが激昂に発展し、激昂が酷《ひど》い行動に発展して、一五歳になって私たちのところに相談にくる頃には、両親は『そうです。このことは病院ではじまり、止むことがなかったのです』と話すのがお決まりなのだ」と言っています。

エバーグリーン・アタッチメント・センター社が、愛着困難の特定の徴候をまとめています。

誕生から一歳まで
・最初の六ヶ月間に、主な養育者の顔を認識して、反応することがない。
・声を稀《まれ》にしか出さない――バブバブ言ったり、泣いたりしない。
・身体接触に抵抗したり、身体接触にストレスを感じるように見える――こわばりや硬直。
・過度に神経質でイライラしている。
・受動的または引っ込み思案。
・筋肉の緊張感に乏しい――筋肉が弱くて柔らかい。

一歳から五歳まで
・過度にまとわり付いて、泣きわめく。
・しつこく、癇癪《かんしゃく》を頻繁に起こし、ときに自分自身のコントロールが利かなくなるまでエスカレートする。
・不快感への耐性が高い――不快な温度に気づかないように思える。血がにじむまで傷と瘡蓋をいじって、痛みを口にしない。
・他の人を交えずには、前向きでいることができない。
・抱かれると抵抗する
・自分の都合で、支配的なやりかたで愛情を要求する。
・自分の都合で離れるのでない限り、主に世話をしてくれる人から離れることに我慢できない。
・見境なく愛情を示す――ときには見知らぬ人にも。
・言葉の発達に問題がある。
・運動神経に問題がある――事故に遭いがちと思われる。
・明らかに多動。
・摂食に問題がある。
・五歳までに、人を操《あやつ》る・ごまかす・破壊的・ペットを傷つける・頻繁に嘘をつくなどの行為が見られるかもしれない。

五歳から一四歳まで
・うわべだけの愛嬌と、〝魅力〟で、自分のして欲しいことを人にさせるために「かわいらしさ」を装う。

3　喪失を悲しまなければ、あなたや他の人たちからの愛情を受けとる私の能力は、妨げられてしまうでしょう。

・親の求めに応じたアイコンタクトをしない――他者と話をしているときに目を合わせるのが難しい。
・見知らぬ人に見境なく愛嬌を振りまく――見知らぬ人のところに行って過剰にベタベタしたり、一緒に家に連れていって欲しいと頼む
・両親の望むようには愛情を示さない（かわいくない）――子ども自身が、いつどのように愛情を受けとるかを決めていて、そうできなければ両親からの愛情を拒否し、両親を押しのける。
・自己・他者・物質などに破壊的で、事故に遭いがち――他人を傷つけるのを喜んでいるようで、わざとものを壊したり、駄目《だめ》にしたりする。
・動物に残虐である――絶え間なくいじめたり、身体を傷つけたり、拷問したり、儀式的な殺しなどを含む。
・盗み――ほぼ必ず捕まるようなやりかたで、家のもの、両親のもの、兄弟姉妹のものを盗む。
・わかりきった嘘をつく。本当のことを言うのが簡単で、嘘をつかなくてもいいような場合でも、はっきりした理由なく嘘をつく。
・衝動の抑制ができない（しばしば多動である）――非常に反抗的で怒っている・自分の生活や人生に起こる出来事を自分の思いどおりにしている必要がある・他者に支配的である・何かするように頼むと、長ったらしい言い訳で答える。
・学習の遅れ――学校でしばしば（本来の能力以下の）悪い成績を取る。
・因果関係の思考に欠ける――自分の行動で、他の人が気を悪くするとびっくりする。

・食べ物を貯めこんだり、貪《むさぼ》り食ったりする――他に異常な食習慣がある（紙・糊・絵の具・小麦粉・ゴミなどを食べたりする）。
・同年齢の子どもたちとの関係が希薄――友だちをつくったり、一週間以上友だちでいるのが難しい。遊びのなかで他の子どもに支配的である。
・火や流血事件に夢中になる――火事や流血事件や病的な行いに魅了されたり、夢中になる。
・しつこく質問をし続けたり、お喋りをする――ばかげた質問を繰り返ししたり、ノンストップでお喋りする。
・不適切に要求をしたり、すがりついたりする――お願いするのではなく、ものを要求することで注意を引こうとする。何かが欲しいときだけ愛想がいい。
・他の、もっと深刻な徴候を伴った、異常な話し方のパターン。
・性的な問題行動――同年配の子どもや大人に対して、性的に挑発的な行動を取ることがある。公衆の面前で自慰行為をする。

なぜ養子たちは嘆き悲しまないのか

往々にしてどのような喪失体験でも、とりわけ養子の喪失体験では、社会と悲嘆する者の間には微妙な相互作用があります。社会が「悲しむ必要はない」というメッセージを与えるのです。小さなジェシカ・デボアのケースがそれでした。

3 喪失を悲しまなければ、あなたや他の人たちからの愛情を受けとる私の能力は、妨げられてしまうでしょう。

一九九三年の七月一九日付けのタイム誌の表紙には、養親の間に抱えられて途方に暮れたジェシカの写真が、「この小さな女の子は誰のもの?」という見出しで掲載されました。一年も経たないうちに、一九九四年の三月二一日には、ニューズウィーク誌が、微笑《ほほえ》むジェシカと「彼女はもう赤ちゃんジェシカではない」という見出しで特集しました。彼女の過去のすべての痕跡は取り去られました……名前さえも。

私は、多くの養子の友人たちとともに、激怒しました。社会が、無垢な子どもの悲しむ自由を否定したのです。

養子が嘆き悲しまないもう一つの理由は、嘆き悲しむ必要を感じないからです。養子になったことは彼女の人生の一つの事実で、それ以上のものではないのです。もしあなたが子どもに養子のための支援グループに入りたいか?と尋ねたとしたら、子どもは「なぜ?」と答えるでしょう。人間は一人ひとり喪失体験に対して違った反応をし、違った適応をしますから、養子のうちの何人かは本当に悲しむ必要がないのかもしれません。しかし、多数派にとっては、健康的に悲しむことができれば、もっと全人格が統合され、もっと他者と親密になれるのです。

養子たちが嘆き悲しまず、他者との繋《つな》がりを学ばない第三の理由は、養親が養子縁組や子どもの言葉に出さないニーズについて教育されていないからです。養子縁組の喪失体験の余波を十分に勉強しない限り、あなたの子どもがあなたに表現しようとしていることを知り、それを容認することは不可能でしょう。たくさんの本が出ていますが、私が提案する必要不可欠なものは、本書の巻末の付録に載せてあります。

これで悲嘆についての核心となる事実を見てきました。さあ、悲嘆の癒しに次いで起こる祝福へと進みましょう。

悲嘆に続く祝福

近親者との死別についてのスペシャリストであり、スピリチュアル・リンク・コネクションの創設者であるリチャード・ギルバート神父は、あなたの子どもがひとたび養子縁組の喪失体験を上手に悲しむことができれば、その子が体験できる、祝福の明確なイメージを描いています。ギルバートはこのように書いています。

私は養子です！　これは私の物語の一部分で、大変な努力と悲嘆の人生の困難を通してやっと勝ち得た、「今、私が誇りを持って言えること」です。

私を欲しがらなかった人がいました。それが私の物語になり、傷になり、私の闘いになりました。養子であると知ったとき、家庭生活で起こるさまざまなことや他の困難と一緒くたに、私はただ、「誰かが私を欲しがらなかった」「どこかで私は拒否された」、そして、なぜか「今の私は違うのだ」、とだけ「聞いた」のです。このすべてのことは、疑わしい事実にもかかわらず、私を支えるエネルギーとなり、私の人生を通して、怒り・議論・探索と、「彼ら」——誰であれ産みの親たち——が私を捨てたのは間違いだったと証明しようという頑《かたく》なな決意をさ

3　喪失を悲しまなければ、あなたや他の人たちからの愛情を受けとる私の能力は、妨げられてしまうでしょう。

せ、しばしば私を（少なくとも最近までは）支配していました。私の信仰と、探索と、素晴らしい妻と家族や助けてくれる友人たちと、私自身の死別への取り組みと著述、セラピーと「自由」になる決意を通して、私は私自身の内にある善を認める権利と必要性に気づきました。「誰かが私を欲しがらなかった」ことは小さくなり（完全になくなることはないですが）、「私自身が誰であるか、私の人生は何であったか見てくれ！」ということが大部分になりました。このことは、何を意味するのでしょうか？　私は、養子であることを軽蔑の対象や傷として見るのではなく、贈り物（天の恵み）として見ることを学んだということなのです。私自身が贈り物なのだから、養子であることは贈り物なのです。

悲嘆は、癒しと自由が起こるために、多くの養子たちが通り抜けなければならないプロセスです。しかし、悲嘆の傷の上には、分厚い怒りの層ができていることを意識していてください。気をつけて！……あなたはその標的になるかもしれません！　その怒りを、あなた個人に向けられたものだと受けとらずに、どのように子どもの怒りの処理を助けるかを学ぶことが大切です。それが、私たちが次章で検討することです。

4

私の癒されていない悲しみが、表面的にはあなたへの怒りとして現れるかもしれません。

「いったい、いつになったら消えてくれるのでしょう?」先日催した養子縁組のワークショップで、二〇代の養子の女性が涙ながらに訊いてきました。まるで、そうして欲しくないときに、何度も何度も噴火する火山のように、吹き出してくる怒りのことを言っていたのです。

そんな経験をしているのは、その日は彼女だけではありませんでした。養子仲間たちは、静かに共感を持ってうなずいていました。この私もです。

私は自分の小さい頃の癇癪《かんしゃく》を憶えています。何がきっかけだったかは思いだせませんが、よちよち歩きの私が、床に転がって胸も張り裂けんばかりに泣いていた姿が、今でも目に浮かびます。思春期には、デートのことで癇癪が爆発しました。デートのときに、何時間くらい外で過ごしていいか?どこへなら行ってもいいか? 思春期なら誰にでも起こる問題ですが、私にとっては、こういう質問に対しての両親の答えが、もっとずっと重要な意味を持っていたのです。私は、ティーンエイジャーなら皆がそうするように、羽を伸ばしてみて、自分の境界線を見つけようとしていただけでなく、養子にもらわれたということの、根源的な疑問の答えを見つけようとしていたのでした。――私は本当は誰なの？　私にはどのくらい価値があるの？　この世界で私の居場所はどこにあるの？

このようなとき、私は養母を、いかに強い親でも傷つくような、激しい言葉で攻撃しました。そして怒りが去ると、ものすごい罪悪感を覚えました。心から良い娘になりたいと願っていたのに……それなのにまたその機会を逃してしまったのです。

成人してまだ若い頃は、怒りが爆発して、離婚すると夫を脅すことは日常茶飯事でした。ちょっとした意見の食い違いでも、怒りが爆発しました。ボブが出張に出ると、私はイライラしました。怒りの下には、捨てられることへの根源的な怖れがあったのです。彼が私の期待通りにならないときには（完璧でないときには）、いつでも怒りが湧いてきました。私はまるで、怒りで動くジェットコースターに乗っているようでした。

養子の怒りの根源

辞書では怒りを、「不当や不当と考えられることに対して起こる、強い不快と闘争的な感情」と定義しています。養子縁組にあてはめて考えると、養子は根本的に、不当に扱われたと感じているのです。たとえ子どもが、意識的には捨てられた痛みを体験していなかったとしても、心の奥深くには疑問があります。「どうしたら女性が、九ヶ月もお腹に赤ちゃんを宿したあとに、あっさりその子をあげてしまうなんてことができるのだろう？」。ある大人になった養子の女性が、自分の物語を語ったときのことを憶えています。「簡単に、他人に渡したのよ」と言ったとき、彼女は感情が高ぶって掠《かす》れ声になりました。別の女性は、自分が不当に扱われた感覚をこう表現しました。「産みのお母さんが、私がいなくても生きていけたなんて、信じられない」。

矛盾するようですが、この「不当だ」という感覚は、養子の心の中では生母への不可解な愛情と、忠誠心と一緒に存在しているのです。このことは、私たちの、子どものときに養子になった大人たちのサポートグループでは、ずっと自明のことでした。そして私は、それが養子の子どもにとっても真実だと信じています。

ある養子の女性は、地域の病院の育児室を訪ねて自分の養子縁組で起こった喪失体験を探索していたときに、この矛盾した感情が、今まで以上に胸に迫ってくるのを感じました。彼女は赤ちゃんたちを数分間観察して、赤ちゃんの気持ちになってみようとしました。誕生時にどう感じたでしょうか？ そして捨てられたときは？ 赤ちゃんだった彼女の周囲で、何が起こったでしょうか？ 彼女はそのときの自分の思いを書き留め、サポートグループでそれを読みあげました。

グループの反応は肯定的でしたが、控えめなものでした。次のミーティングで、彼女は産みの母への内密の思いを、言葉にしすぎたかもしれないと告白しました。そのときでした。二〇歳の養子の男性が戸惑いながらこう言いました。「あなたが書いたもののコピーをくださいと言いたかったのですが、言いだせなかったのです」。

彼女が書きしるした思いはこうです。

4　私の癒されていない悲しみが、表面的にはあなたへの怒りとして現れるかもしれません。

どうしてお母さんは、私が生まれてからずっと、どんなときでも自分の意見を通し続けるの？

私には選択の余地はなく、発言もできずに、今でも置き去りにされているのに。

どうしてお母さんは、私を追いだしたの？　お母さんが追いだされないでもすむように？

私をここに座らせておくの？

私が完全な私自身として、生きていくのに必要なものも持たせずに。

大切な産みのお母さん、
どうして私は、私自身の幸せよりも
お母さんが幸せかどうか心配になるのかしら？

どうして私は、お母さんのことが心配でしかたなくて、

「私は元気だから心配しないで」って、言いたくなるのかしら？

どうして私は、こんなにも私を支配する力を、お母さんにあげてしまうの？

どうして私は、私を養子にして苦しめたといって、始終神様に怒ってしまうの？

実際には神様は、私の感情を守るために、お母さんの人生から私を引き離したのに。

どうして私は、お母さんの人生の苦しみを、一生背負っていくの？

どんなときも、お母さんの意見を通させてあげて……。

どうして？

どうしてそうなの？

お願いだから誰か教えて？

こういった養子たちの思いが、あなたの養子の言葉にならない思いを知るヒントになるとよいのですが。子どもが、生母への隠された忠誠心を持っていることが最もよく表れるのは、養母への抵抗です。国際的に著名な講演者であり作家で、そして養母であるナンシー・ヴェリエは、『原初の傷』でこう説明しています。「捨てられたのは、養子の本当の経験なのです。その経験によって、養子は自分を捨てた母親を養母に投影します。実際に養母はそこに存在していて、生母はそこにはいないのですから」。

怒りは、控えめに言っても複雑な感情です。怒りはおしこめられたり、どこか他のところに向けられたり、他の人に投影されたりします。そういうわけで、怒りはたくさんの、こんがらがったメッセージでできあがっています。「私は不当に扱われた」という中心のメッセージの他に、多くの養子たちの心には、隠された別のたくさんのメッセージがあるのです。

「お母さん、お願いだから帰ってきて！」

母との再会を求める心の奥底からの嘆きと相俟って、自分を捨てたことを罰したいという思いで、養子の怒りの矛先はまずは生母に向かっていると私は信じています。

「お母さん、私を捨てたのは間違いだったのよ。もう二度と私を置いていかないで。お願い、帰ってきて！」

4　私の癒されていない悲しみが、表面的にはあなたへの怒りとして現れるかもしれません。

養子の怒りは、しばしば憤怒へと変わります。私が思うに、それは産みの母が消えてしまったときに生まれた、原初的な憤怒です。『原初の傷』でヴェリエはこう言っています。「ここで説明するのは、背負いきれないような激しい怒りです。それはどうにもやり場のない怒りで、そのときに爆発するか、埋葬されて怒りの感覚を麻痺させるかのどちらかしかないように思えます。私がお話ししているのは、生まれたばかりの赤ちゃんの憤怒です。憤怒の力があまりにも強すぎて、怒りを内に秘めながらまったく感じることができない人もいるし、一方、あらゆる人・あらゆるものに対して怒っているような人もいます」。

ある養子の女性が、数年前に、自らの原初の怒りに触れたときに書き留めた言葉に、耳を傾けてみましょう。

おお、小さな赤ちゃん。とても柔らかくて、とても純粋な赤ちゃん。あなたを捨てた人への火山のような怒りが、その胸のなかに生まれたことを、あなたはまだ知らない。成長とともに熟していく恐怖の種が、その胸のなかに埋められたことを、あなたはまだ知らない。神様があなたを深く愛していて、あなたを見守っていることを、あなたはまだ知らない。神様があなたの人生を、最初から最後まで見て、この瞬間に生まれたものがやがてもたらす荒廃に、涙してくださっていることを、あなたはまだ知らない。あなたは何も知らずに、ただ眠り続けている。

養子が憤怒に触れるとき、それは果てしなく、制御不能に感じられます。なぜなら赤ちゃんには時間の感覚もなく、苦痛を終わらせる力もないからです。

「私は寂しい」

養子の怒りの背後にあるもう一つのメッセージは、「私は寂しい」です。寂しいというのは孤独の感情です。誰か近しい人との絆が壊れてしまったという、空っぽの感覚です。

これに関して、多くの養子は、「自分がお腹にいたときのお母さんでない」という理由で、養母への怒りを感じています。子どもたちは産みの母のそばにいられないのが寂しくて、近くにいたいと乞い願っているのです。

フィッシャー博士とワトキンス博士は、『養子縁組についての幼い子どもたちとの話し合い』で、幼児でさえもこういう考えを表明する、と言っています。二人は二歳半の子どもの例をあげています。「私がお腹にいたとき、お母さんのお腹は大きくて太っていたの？」（養母は違うと言いました）。「でも、私はお母さんのお腹に入りたいんだもの」。

「あなたのせいです」

養子の怒りは、誰であれ養子の喪失体験に一役買ったと思われる人や、何がしか生母との再会の邪魔をしていると子どもが信じている人たち、つまり主に養父母に向かいます。養父母、特に養母は、現実にそこにいるために養子の怒りの標的になりがちです。未知の人（産みの母）に対して怒る方が難しいからです。養子は、奥深い憤怒を生母に対して留めているかもしれないのですが、往々にして

4　私の癒されていない悲しみが、表面的にはあなたへの怒りとして現れるかもしれません。

それには気づいていないのです。

私は、人生のほとんどの時期、養母に向けて抱いていた怒りへの罪悪感に苛まれていました。私に欠陥があるのだと思っていました。でも今では、私の経験した数々の喪失体験に照らしてみれば、もっともな理由のある怒りだったとわかりました。

養母に対しては、養子縁組について、私と心を割って話し合ってくれなかったことに怒ったのです。養子縁組の話題になると、養母が不愉快になることに怒ったのです。私が怒りや強い感情を表すと、いつでも私をひやかすことに怒ったのです。私の養子縁組に対する質問を軽く考えていたことに怒ったのです。養母が、私の喪失と悲嘆を処理することを、助けてくれることができなかったので、そのことで養母を責めたのです。養母には私の喪失体験についての責任はないのですが、心の一番深いところにある悲しみを、「聞いて」もらう必要があったのです。養母にはそれができなくて、それで私は怒ったのです。

「私は未来の喪失体験から、自分を守らなければなりません」

養子の怒りの持つ、もう一つのメッセージは、「私は未来の喪失体験から、自分を守らなければなりません。だからあなたを私の心から締め出すのです」と、いうものです。普通は意識されることがない思いですが、養子が養母を、「ほとんどお母さん」といっていいほどに近づけたとしても、「完全にお母さん」までには近づけないということが、このメッセージを証明しています。

養母が、癒されていない悲嘆から生まれる、心の抑制がつくりだす分断の壁（よそよそしさ）を察知すると、子どもに拒絶されたと受けとりやすく、母親としての役割にさらに自信が持てなくなってしまいます。その養母の自信のなさを子どもは拒絶されたと受けとるので、この分断のサイクルが続いていくのです。

「私はあなたとは違うのです」

臨床心理士のジョーン・タウンセント博士とヘンリー・クラウド博士は、著書『バウンダリーズ境界線』で次のように言明しています。「子どもたちは、怒りは友人なのだと教わる必要がある。怒りは意味があって神様がお創りになったもので、何か対峙すべき問題があることを示している。子どもたちにとっての怒りとは、その子どもたちの経験が、他の誰かの経験とは違っていることを知る術である」。

あなたの子どもの視点では、養子縁組はあなたが思うほど素敵な奇跡には見えないことを憶えていてください。子どもは独自の経験をしていて、それはあなた自身が養子でない限りは、完全には理解できないものなのです。怒りを通して子どもは、その子にできる唯一の方法で、失った生母との再会と、あなたがたと親しくなりたいという嘆願をしているのかもしれません。あなたが、子ども独自の人生の旅を理解できるようになることはとても重要で、そうすれば、あなたは子どもが癒しを得、必要な絆をつくるのを助けることができるのです。

4　私の癒されていない悲しみが、表面的にはあなたへの怒りとして現れるかもしれません。

養子の怒りはどのように現れるか

養子の怒りはいくつかのやりかたで現れます。必ずしも他者に向かって癇癪《かんしゃく》を爆発させるわけではなく、地下室の隅の暗がりの、じめじめした場所で育つ苔のような場合もあります。

国際的に著名な作家で、講演もするベティ・ジーン・リフトン博士は、『養子になった自己の旅』でこのように書いています。「抑うつの別の側面である怒りは、養子がいつもそれを使えるように待機している。……養子が何年もかけて積みあげた怒りは、制御できない憤怒として爆発することがある。養子になったことに対して、表現されていない怒り。自分は他の人と違うという怒り。自分の出自を知ることに無力であるという怒り。家族の拒否的な環境のなかで、自分の本当の感情を表現できない怒り。この怒りが子どものなかで何年も蓄積されると、いつかは——盗み・放火・ものを壊す、などで——攻撃性となって現れてくる。もし解決されなければ、暴力になる」。

ジョージ・ワシントン大学医学部の臨床教授であるレオン・サイトリン医学博士とドナルド・マクニュー医学博士は、『悲しみながら成長する：子ども時代の鬱と治療』で、六歳から一二歳までの子どもの三つのタイプの鬱《うつ》、すなわち、急性・慢性・仮面うつ病〔気分の落ち込みなどの精神症状が目立たず、腹痛、頭痛、だるさといった身体症状や行動面に症状が表れるうつ病のこと〕について描いています。

急性と慢性の鬱は似たような様相で、子どもの重篤な学習不全と社会適応不全、睡眠障害と摂食障害、絶望感、無力感、希望の喪失、行動障害、ときとして自殺念慮やその企図などです。

仮面うつ病はしばしば問題行動と関連します。人は、盗み・放火・薬物乱用・家出・他人を殴るなどの反社会的な行動を通して、さまざまな感情を追体験したり、表現したりするのです。仮面うつ病は、反社会的行動という結果をもたらします。なぜなら、子どもは、内に秘めた感情を攻撃的な行動で表現するからです。

産みの母であるキャロル・コミサロフは、キンクエスト社への秀逸な寄稿文『怒れる養子』のなかでこう書いています。「養子の怒りと、その他の怒りの唯一の違いは、養子は自分の養子縁組に対する怒りについて、めったに家で話さないということです。なぜでしょうか？　第一に、養ってくれている人の手に噛み付くのは、よくない行為だからです。第二に、この話題は、養親を不愉快にするからです。それで、養子はその怒りを溜め込んで、別のやりかたで吐き出すのです。反社会的な行動によって吐き出すこともあります」。

サイトリン博士とマクニュー博士は、仮面うつ病の徴候について、親たちへこう警告しています。

・（理由にかかわらず）気分が落ち込んでから一週間以内に、慰《なぐさ》められたことを示すようすも、通常の生活を取り戻したようすも見せない子ども（あるいは、重篤な喪失体験のあった子どもの場合には、六ヶ月以内に）。
・毎日の生活で、子どもがどのように活動しているか？　いつも通り遊んでいるか？　授業についていっているか？　飛行機のおもちゃがまわりに転がっているか？　人形は？　自転車は乗られているか？
・食事と睡眠のパターンの急激な変化。鬱《うつ》の子どもは非常によく眠るのに、いつも疲れている

4　私の癒されていない悲しみが、表面的にはあなたへの怒りとして現れるかもしれません。

と感じるものだ。子どもが早く起きているようすに気づいて、なぜかと不思議に思うことはないか？
・自殺念慮。やさしく尋ねれば、子どもの自殺の計画について聞き出せるかもしれない。
・家では家族の団らんからそっと抜け出して自室に行くのに、外では元気にふるまっていないか？
・すべてのことに自分は駄目《だめ》だと思う。……「なぜもっと上手に自転車に乗れないのだろう？」

子どもが欝《うつ》だと感じたときに親にできることがいくつかあります。
・子どもを生贄にしない（子どもひとりを取りあげて、家族の問題をその子のせいにする）。
・怒り、苛立ち、抑うつがあることを確認する。
・子どもに、特別多くの注意を払う。

何が養子の怒りを呼び起こすきっかけとなるか？

私は、養子の怒りを呼び起こすのに、二つの主なきっかけがあると確信しています。それは拒絶と恐怖です。

拒絶されたと感じたとき

疑う余地なく養子は、拒絶されたと感じたり、関心を払われないと感じたりすると、確実に怒りに火がつきます。養子が尊重されず、「あなたの価値など、私の知ったことではない」というメッセージが送られるようなときならいつでもです。

『養子になって：一生の自分探し』の著者、ブロジンスキー博士とシェクター博士はこう書いています。

「〝捨てられた〟とか〝拒絶された〟と感じている子どもは、通常、産みの親に怒りを持っている。『私に、あんなことをした両親なんて、大嫌い』と一〇歳のメーガンは言う。『両親は、私のことを気にも留めていなかったから、私を手放したの。まるで私が醜い子か何かみたいに、ただ捨てちゃったの』。

『できることなら、両親を殴るか、溺死させたいよ』と、七歳のドゥルーが言う。『あいつらは、鼻持ちならない。……僕を欲しがらなかったんだ。でも気にしないよ。だってやつらは屑だから』」

ブロジンスキーとシェクターは、自分たちが「盗まれた」とか「買われた」と思っている子どもたちは通常、養親に怒っていると続けています。

「『両親（産みの両親）は、僕がいなくて寂しがっているかもしれないし、僕を探しているかも』と七歳のウィルは言います。『本当の両親は、僕が小さいときに僕をなくしちゃったんだ。……養子縁組の人たちが本当の両親から僕を取りあげて、パパとママにあげちゃったの。パパとママには子どもがいなかったから。僕は怒っているんだ』」

4　私の癒されていない悲しみが、表面的にはあなたへの怒りとして現れるかもしれません。

何か自分に悪いところがあって、養子に出されたと思っている子どもたちは、通常、自分自身に怒っています。

『多分、私はたくさん泣きすぎたのか、それともちゃんと食べなかったからかな？　それか他の何か？』と八歳のメリッサは言います。『私は、ずっと自分が何か悪いことをしたんだろうと思っているの。……まるで養子に出されたのが、私のせいみたいに』」

基本的なニーズが満たされないことへの怖れ

養子の怒りを引き出す第二のきっかけは、重要なニーズが満たされないことへの怖れです。「でも、うちの子の基本的ニーズは、ずっと満たされているわ」と、あなたがおっしゃるのが目に浮かびます。もう少し続けて読んでください。そうしたらあなたの子どものことをもう少しよく理解できるでしょう。

作家、チャールズ・アレンは『王室の小グループの財務研究』で、第二次世界大戦の幕引きの際に、連合陸軍が多くの孤児を収容した話を書いています。孤児たちは、十分に食事を与えられるキャンプに収容されました。行き届いたケアを受けていたにもかかわらず、孤児たちは怖がって、あまり眠ることができませんでした。

とうとう一人の心理学者がこの問題を解決しました。子どもたちがベッドに入る前、一人ひとりに一片のパンを渡したのです。お腹が空いていたら、もっと食べ物がもらえます。お腹がいっぱいなら、そのパンは食べないで、持っているだけです。一片のパンが素晴らしい効果をもたらしました。子どもたちはベッドに行くときに、明日も食べるものがあると知ることができたのです。食べ物があることを保証したら、子どもたちは夜たっぷり、ぐっすり眠れたのです。

なんて上手に養子縁組のようすが、描きだされていることでしょう！　産みの親と子どもが引き離された心理的なトラウマについては、壊滅的な世界大戦のように歴史書に書かれているわけではありませんが、子どもたちの心に永久に刻み込まれています。あなたの子どもの初期のトラウマが、養子にくるより前からはじまっていることを、もう一度考えてみてください。こういうわけで、養子にとっては「基本的なニーズを、世話してくれる養育者に、満たしてもらえる」ということを、信用するのが難しいのです。

グレッグ・ケック博士は、子どもは最初に自分のニーズに気づくと、そのニーズを激怒や怒りで表現する、と言っています。子どもは満足させてもらえると期待しているのです。食べ物、撫でてもらうこと、目を合わせてもらうこと、やさしく揺すってもらうことや、その他あらゆる保護者からの何らかの刺激など。満足させてもらえれば、養育者への信頼が育っていきます。こういったことをすべてやってみても、養子が慰《なぐさ》められたようすを見せなかったり、あなたとの絆ができないようだったら、その子はそのときに「基本的ニーズが満たされないのではないか」という、心に深く植えつけられた恐怖感を感じているのかもしれません。

4　私の癒されていない悲しみが、表面的にはあなたへの怒りとして現れるかもしれません。

養親にできること

子どもを安心させること

生母が子どもを手放した本当の理由を、しっかり話してあげましょう。子どもに何か欠陥があって、養子に出されたのではなくて、産みの親には、親になる能力がなかったからだということを話して、子どもを安心させてください。生母に手放されたことについて、子どもがどのように理解するかは、とても重要です。

九歳の養子のマギーは、「私は、醜い赤ちゃんだったに違いないの。そうじゃなかったら、お母さんは私をあげちゃったりしないもの」と、言いました。私がマギーの養母だったら、その子の思いに共感するでしょう。「そんなふうに感じるなんて、とても嫌な気分でしょうね。本当に切ない気持ちでしょう?」ただ単に、子どもの持っている否定的な思いを、「まあ、それは違うわ! あなたはきれいよ!」などと肯定的に上書きしようとするのは、子どもの感じている現実を、否定してしまうだけです。もちろん心から肯定的なフィードバックをしてあげる必要はあるのですが、子どもの喪失体験を承認して感情を共有する前や、あるいはその代わりとして行うことはしません。子どもの傷を癒すにはバランスの取れたやりかたが鍵なのです。

怒ってもいいと許可を与えること

私は、新しいカウンセラーのオフィスで、自分の物語を話したとき、彼女がこう答えたことを決し

郵便はがき

料金受取人払郵便

神田局
承認

7451

差出有効期間
2021年7月
31日まで

切手を貼らずに
お出し下さい。

101-8796

537

【受 取 人】

東京都千代田区外神田6-9-5

株式会社 **明石書店** 読者通信係 行

お買い上げ、ありがとうございました。
今後の出版物の参考といたしたく、ご記入、ご投函いただければ幸いに存じます。

ふりがな お名前	年齢	性別

ご住所 〒 -

TEL ( ) FAX ( )

メールアドレス	ご職業（または学校名）

＊図書目録のご希望 □ある □ない	＊ジャンル別などのご案内（不定期）のご希望 □ある：ジャンル（ ） □ない

書籍のタイトル

◆本書を何でお知りになりましたか？
□新聞・雑誌の広告…掲載紙誌名[ ]
□書評・紹介記事……掲載紙誌名[ ]
□店頭で □知人のすすめ □弊社からの案内 □弊社ホームページ
□ネット書店[ ] □その他[ ]

◆本書についてのご意見・ご感想
■定　価 □安い（満足） □ほどほど □高い（不満）
■カバーデザイン □良い □ふつう □悪い・ふさわしくない
■内　容 □良い □ふつう □期待はずれ
■その他お気づきの点、ご質問、ご感想など、ご自由にお書き下さい。

◆本書をお買い上げの書店
[市・区・町・村 書店 店]

◆今後どのような書籍をお望みですか？
今関心をお持ちのテーマ・人・ジャンル、また翻訳希望の本など、何でもお書き下さい。

◆ご購読紙 (1)朝日 (2)読売 (3)毎日 (4)日経 (5)その他[新聞]
◆定期ご購読の雑誌 [ ]

ご協力ありがとうございました。

ご意見などを弊社ホームページなどでご紹介させていただくことがあります。 □諾 □否

◆ご 注 文 書◆ このハガキで弊社刊行物をご注文いただけます。
□ご指定の書店でお受取り……下欄に書店名と所在地域、わかれば電話番号をご記入下さい。
□代金引換郵便にてお受取り…送料+手数料として300円かかります（表記ご住所宛のみ）。

書名	冊
書名	冊

ご指定の書店・支店名	書店の所在地域 都・道 府・県 市・区 町・村
	書店の電話番号 （ ）

て忘れないでしょう。「シェリー、あなたには怒る権利があるのよ！」

「怒る権利ですって？」と自分に繰り返しました。「それは、まったく新しいアイディアだわ」。

宗教上の経験から、いつしか私は、怒ることはいけないことだと学んでいたのです。神が私の怒りを知っていて、それを喜んで受けいれ、上手に扱うことができるなんて、全然思いもよりませんでした。

怒っても「オーケー」なのよと、言ってあげることで、子どもが怒りを抑え込むのを防いで、癒しへの途に就かせることができるのです。あなたは、「ねえ、私はその怒りは、大好きよ」と、言うかもしれませんね。「ほうら……あなたは、生き生きしてきたわよ」。

有能な専門家を見つけること

私は、養子の子どもたちすべてが、迷路のような困難を通り抜けるために、カウンセリングから得るものがたくさんあると確信しています。ですが、誰を選ぶかについては、十分注意を払ってください。というのも、カウンセラーの多くは、養子縁組の問題を扱う準備ができていないからです。

家族の絆センター社の、創設者であり所長であるジョイス・マグイア・パバオ博士は『家族セラピーニュース』の論説で、以下のような報告をしています。「専門職を育てるどの学校でも、養子縁組に関する実際のトレーニングは行われていない。ソーシャルワークプログラムにケーススタディが一つあるかないか、だけである。結婚と家族セラピープログラムや心理学大学院のプログラムにも、誰かがそのテーマを自分自身の学位論文にでもしない限りは、養子縁組についての講義は一つもない。

4　私の癒されていない悲しみが、表面的にはあなたへの怒りとして現れるかもしれません。

仮にそういった場合でも、この領域の問題を理解していたり、経験していたりする教授陣を見つけるのは難しい。アメリカの医学大学のカリキュラムにも、養子縁組についての記述は数行あるだけだ。アメリカの結婚と家族セラピー協会（AAMFT）では、年次総会で、たまに一つか二つの養子縁組についてのワークショップを提供している。しかし、このテーマは、すべての精神保健専門職の勉強会であまり取りあげられないテーマなのである」。

コニー・ドーソン博士は、コレクティブ・ペアレントセラピー（育てなおし療法）や、対象関係性セラピー、話し合いだけでなく、より多くの方法を含むセラピーをする地域の心理カウンセラーを探すことを推奨しています。効果のある養子縁組のセラピストは、相談者の心の奥底にある、哀悼と怒りの処理を助けることに慣れているセラピストです。

創造的なセラピーを利用すること

アートセラピーも、子どもたちが本当の感情を表現するための素晴らしい方法です。親にとって格好の参考資料となるのは、ミラ・レビック博士の『私が何を言っているのか見てちょうだい：子どもたちはアートで何を伝えているのか』（アイルウェスト出版社 一九九八年）です。レビック博士は、子どもの絵に何が表されているか、どうやって子どもの創造力を促すか、そして子どもの絵を理解するための、発展的なやりかたについて説明しています。博士は、併せてアートセラピーを進めている団体のリストも載せています。価値のあるリストです。

左手で絵を描くことは、ティーンエイジャーや大人を自分の感情に触れさせる効果的な方法です。

利き手ではない方の手に鉛筆かクレヨンを持たせて、養子に心の中で感じていることを描くように言ってみてください。コントロールが利かず上手に描けないことで、長い間埋めてきた感情が暴露されることがよくあります。

家族にできるもう一つの体験は、三m×三・六mくらいの面積の壁を白い紙で覆い、家族のメンバーそれぞれに絵を描かせることです。このテクニックを使っているセラピストによれば、家族は最終的に、そのときに起きている家族の動態を描きだすのだそうです。この方法もセラピストや親にとって、価値ある方法だと思います。

ここまで養子の怒りとその表現方法を探ってきました。今度は子どもの、隠された喪失体験を悲しむのを手伝う特別な方法を検討していきましょう。

5

喪失を悲しむのに、あなたの助けが必要です。どうやったら、私が養子であることについての感情に触れ、その感情を確かめることができるのかを教えてください。

今やあなたは、あなたの子どもの特別なニーズと、養子縁組で起こる喪失体験を悲しむことの大切さが、よくおわかりになったでしょうから、子どもが、よい結果をもたらす方法で悲しむのを手助けする、具体的なやりかたを検討しましょう。親としての一番の難関は、養子の特別なニーズが出てきたのをまず見つけて、子どもがそれを言葉にするのを助けることです。そうすることで子どもに、自分で制御できなかった何かをコントロールできるという感覚と、自信をつけてあげられます。

子どもたちは、心の内にある悩みを表現するのに、ほんの限られた方法しか持っていません。一〇歳以下の子どもの多くは、苦しい気持ちについて自由に話すことも、長く話すこともあまりないものです。子どもたちが悲嘆にくれているときには、だいたい行動に表れるものです。

私は自分の成育段階で、そういう悲嘆を説明する一つの出来事を思いだします。自分が何歳だったか正確な年齢は憶えていないのですが、おそらく七歳か八歳だったでしょう。両親は午後にゴルフに出かけました。私は人を喜ばせたい性質《たち》だったので、両親のために、家の掃除をすることに決めました。掃除機と家具のつや出しのスプレー缶を持って、掃除をはじめ、一部屋ずつまわっていきました。掃除をしながら私は、両親がどんなによい親で、自分がどれだけ両親を愛しているか考えていました。私は意識的に、よいことを考えようと努めていましたが、振りかえってみると、実際には気分が悪かったのだと思います。捨てられることへの恐怖と、ひとり残されたことへの怒りが、年齢を問わず養子の中心的な課題だということを考えると、次に私がやったことは、こうした埋もれた悲しみの感情を、私なりのやりかたで行動に移したのだと信じています。

両親の寝室にきて、ママの化粧台の埃《ほこり》を払っていると、骨董品のブローチが、針をむき出しにしたまま置いてあるのが、目に留まりました。意識する間もなく、私の熱い小さな手はブローチを握って、化粧台の右に「ママ大好き」、左に「パパ大好き」と針で書いたのです。言うまでもなく私は、両親が家に帰ってきて、私の用意したこの特別なメッセージを見つけるのを待ちきれませんでした。このときは、私は純粋に両親のためによいことをしたと考えていました。

両親が帰り着くと、皆で一部屋ずつ見てまわりました。両親は部屋ごとに、どんなに素敵にきれいになっているか褒めちぎってくれました。やっと皆で寝室にきました。ママは化粧台に消せない傷で書かれたメッセージを見つけるや否や、がっかりした表情になり、やっと絞り出すような声で、「私たちもあなたが大好きよ。ハニー（かわいい子）」と、言いました。

この出来事を今振りかえってみると、養母は、それが確実に当惑と緊張の場面であるのに、娘を愛する親であろうとして、私が行った破壊行動に見て見ないふりをしてしまい、私の年齢に見合った躾《しつけ》

5 喪失を悲しむのに、あなたの助けが必要です。どうやったら、私が養子であることについての感情に触れ、その感情を確かめることができるのかを教えてください。

を怠ったのです。私の養親は、おそらくあなたがたのなかの多くの人たちと同じように、私の本当の感情を覆い隠したこの種のふるまいを、どう扱っていいかまったくわからなかったのです。もし私の養親が、どのように私を助けて、私自身の感情に触れさせるかを教わっていたら、私がこの両親の子どもになって以来、ずっと抱えてきた埋もれた悲嘆と怒りを、ここで解決することができたことでしょう。

例えば、もし両親が、「玉ねぎの皮を一枚ずつ剝《は》がすように」共感のこもった質問を私にできたら――「あなたも私たちと一緒に、ゴルフコースに行きたかったの？」「私たちがゴルフに行っていたとき、何を考えていたの？」「寂しかった？」「私たちが、もう帰ってこないんじゃないかと、心配したの？」――そうしたら、私は、養親の私に対する永遠の献身に、気づいたことでしょう。捨てられるという恐怖感はおそらく鎮まって、怒りは収まり、私と両親の関係がぐっと深まることができたでしょう。

ある養母は、養子の息子がある問題行動を起こしたときのことを語ってくれました。彼の心の奥底には、無意識の喪失感と悲しみがあったのです。シャノンと子どもたちは、ある晩会合に向かっていました。車から降りて建物に近づくと、息子の一人が、その場で決然と立ち留まって叫びました。

「僕はもう、これから先には行かないぞ！」

シャノンは鋭敏な養母ですから、息子が養子縁組の問題で、苦しんでいるのかもしれないと察しました。その日の早い時間に、将来彼の生母と再会できるかもしれないことを話していたとき、その子は今してみせたのと同じように、怒りと怖れを表したのでした。他の子どもたちを先にやってから、シャノンと息子は、二人でもっと深く話し合うために歩いて車に戻りました。シャノンが質問をはじめました。「ねえ、どうしたの？　何か困ったことがあるの？　私に何ができるかしら？」

とうとう息子は、恥ずかしそうにうなだれて言いました。「ママ、僕は何がイヤなのかもわからないんだ」。

シャノンは息子の目をまっすぐに見て言いました。「たとえ一緒に病院に行って、お医者様に相談したとしても、お医者様にもどこが悪いのかわからないわよ。私にも何が悪いのかわからないわ。でもね、あなたが何がイヤなのかわからなくても、まったく構わないの。本当にそれでいいのよ」。

「では、もしうちの小さい子どもが、実際に何を感じているのかを言えなかったら、子どもの悲嘆の処理をどうやって支援してあげられるの？」と、あなたは疑問に思っていらっしゃるかもしれませんね。私の知る限り、養子の子どもに、隠れた思いと感情に触れさせてあげる手助けの一番よい方法は、物語を語ってあげることです。ドイツの作家のブルーノ・ベッテルハイムがこう著していたことがあります。「私の子ども時代には、おとぎ話のなかに籠もっている深い意味の方が、人生から学ぶ真実よりも、もっと私に語りかけてくれました」。子どもは、その子の現実を理解したり表現したりするのに、自然と空想や遊びを使います。子どもが養子にきたときの話をあなたがするときに、その子の体験した真実を表す物語やおとぎ話を語ってあげれば、子ども独自の「世界」で向き合うことができ、養子になったことについての、その子の内密の感情や思い込みを引き出せる可能性を強めます。

5　喪失を悲しむのに、あなたの助けが必要です。どうやったら、私が養子であることについての感情に触れ、その感情を確かめることができるのかを教えてください。

物語を通しての癒し

私の両親は、私との養子縁組の本当のことを、ほとんど話すことはありませんでしたが、私に、一九四〇年代に人気があって今でも出版されている、バレンティナ・P・ワッソンの『選ばれた赤ちゃん』という物語を読んでくれました。しかし今では、この本が養子の子どもに、「特別」でないといけないという潜在的なプレッシャーを与えるということで、子どもへの読み聞かせに利用するのを、多くの人が反対しています。そんなプレッシャーは、養子には必要ないからです。

私は最近、子どもの頃に親しんだこの物語をもう一度読んでみて、もう二つ気がかりな要素があることに気づきました。一つは、言葉遣いの問題なのですが、「養親になろうとしている人たちには、自分たちの子どもが、いませんでした」。では、養子はどんな存在なのでしょうか？　彼ら自身の本当の子どもでない……次善の存在？

二番目の気がかりは、養親がソーシャルワーカーにこう聞かされたときのことです。「この子があなたがたに、ぴったりの赤ちゃんでなかったら、そう言ってください。別の赤ちゃんを探しますから」。こんなことを、養子に読んで聞かせるなんて考えられません。「私は本当に彼らにぴったりの子どもなのかしら？」と、子どもは心配になるかもしれません。「この人たちが、心変わりをすることはないのかしら？　そうしたら、私はどうなるのかしら？」

『選ばれた赤ちゃんの物語』にはこういう欠点があったけれど、子どもの私は、その物語のなかに、自分がどうやって養子にもらわれたかについて、肯定的なイメージを思い描く材料をたっぷり見つけることができました。こういうことです。あるところに、リタとマイクという素敵な若い夫婦がいました。二人は子どもが欲しかったのですが、できませんでした。そこで二人は赤ちゃんショップに行きました。そこにはたくさんの赤ちゃんが並んでいました。太った子、やせた子。ある子は青いリボンを、またある子はピンクのリボンをつけていました。顔を真っ赤にして泣いている子たちもいれば、天使のようにすやすやと眠っている子たちもいました。廊下を行ったり来たりして、リタとマイクは赤ちゃんを物色して、とうとうリタが濃い色の髪で、濃い色の目をした赤ちゃんのところにきました。「まあ、マイク、きてちょうだい！」リタが叫びました。「見つけたわ。私たちがずっと探していた赤ちゃんを、見つけたと思うわ」。

マイクがきて、私を見て言いました。「ああ、リタ、きれいな赤ちゃんじゃないか。家に連れて帰って、家の子にしようね」。

このように、養子縁組について肯定的な幻想を持つことは、幼い私の心に二つのはたらきをしました。第一には、癒されていない養子縁組の喪失体験からくる、私の心の奥深くの耐えがたい痛みから、私を隔離しました。この本は、ピーター・F・ドッズが、自伝の『外界での探求、内面での旅』で雄弁に描写しているように、「このなかに隠れていれば、外界から安全に守られて、誰も私を傷つけることのできないお城」になったのです。

第二には、幻想が、子どもだけができるやりかたで、私が養子縁組の問題を、解決するのを助けてくれました。最初は、他者を締め出す、閉ざされたお城の扉であったものが、今度は開かれて、ほんのわずかとは言え、私が子どものレベルでわかる、心の奥深くにある悲嘆を処理するのを助けてくれ

5　喪失を悲しむのに、あなたの助けが必要です。どうやったら、私が養子であることについての感情に触れ、その感情を確かめることができるのかを教えてください。

たのです。

養子縁組について、とても幼い子どもたちにどのように説明するかは、専門家によって意見が違います。多くの専門家は、物語の本を利用することを推奨しています。一方、ファンタジーやおとぎ話を使うとよいと言う人たちもいます。私は、著名な心理学者で作家の、ブルーノ・ベッテルハイムが、著書『昔話の魔力』で、おとぎ話の役割について書いているのを興味深く読みました。「おとぎ話は、実存する不安や深刻な問題を、とても真剣に取りあげて、直接話のなかに組み入れている。愛される必要性や、自分に価値がないことへの怖れ。生きることへの愛と、死への恐怖。おとぎ話は、子どもが理解できるレベルで、子どもが摑《つか》める解決策を提供している」。

あなたが、子どもに話して聞かせる最高のおとぎ話は、あなた自身が創作するお話だと思います。挑戦してみてください！　実際にとても楽しい仕事ですよ。その話のなかに、喪失体験（捨てられ、忘れられること）・救出（見つけ出されること）・救済（価値あるとされること）のテーマを、必ず入れてください。あなたの目的は、あなたの子どもが、あなたのおとぎ話の主人公に自分を重ねて、自分の想像力を使ってお話の世界に入ってくることです。

四〜五歳の子どもにとって、救いとなるおとぎ話は、その子の人生のいろいろな時期に心の中で再訪されることでしょう。ぴったりときたお話は、その後何年にもわたって深い癒しの影響力を持つものです。しかし、おとぎ話は、あなたの子どもに本当に起こった養子縁組の話の代わりにはなりません。つくったお話は、子どもが、自分自身の養子縁組の喪失体験について持っている、繊細な感情や信条に触れるのを、あなたが助けるために使う道具に過ぎないのです。

子どもと波長を合わせる

お話を聞かせたあと、何日かの間、お子さんの遊びを熱心に観察してください。なぜなら、子どもは遊びのなかで、自分の養子縁組について、自分が実際に信じていることのたくさんのヒントを出してきますから。自分の実際の養子縁組の話を、夢中で何度も話してみせるかもしれないし、遊びのなかで自分の経験を、再演してみせるかもしれません。へんなときに、突然自分の考えていることを、突拍子なく言いだすかもしれません。

ある養母は、カープール〔友人たちと交代に車を出して、お互いの子どもたちを送迎すること〕しているとき、娘が生母について意味深い質問をしてきたのだと教えてくれました。「私は混雑した交差点で、左折して車の列に加わろうとしていました。そのときに、娘がこう言ったのです。『私を産んだお母さんの名前は、なんていうのかしら。知ってる？』」。

「いい質問ね」と養母は、できる限り穏やかに答えました。「家に着いたら、すぐにそのことについて話しましょうね」。

家に着くとすぐに、養母は娘との特別な時間をつくって、娘の養子縁組の書類を取り出しました。実父母の名前は、州のくれた不特定情報シートには載っていませんでしたが、年齢と職業が載っていました。それだけで養女は、十分に慰《なぐさ》められて、安心することができたのです。

子どもが、自分の養子縁組の実際の話を聞く必要性は、終わりがないかもしれません。養子がその

5　喪失を悲しむのに、あなたの助けが必要です。どうやったら、私が養子であることについての感情に触れ、その感情を確かめることができるのかを教えてください。

話を自分のものにできたと感じられるまで、何度も何度も話さなければならないかもしれません。子どもはその話を聞くたびに、自分に対するあなたの深い愛情を、ますます意識することになります。というのは、「あなたは、私たちの子どもなのよ！」という、あなたのメッセージが、子どもの魂に響くからです。

お子さんの養子縁組の話を、繰り返し話して聞かせることは、子どもの癒しの過程の一部ですから、喜んで行ってください。繰り返し語られることで、疑問が湧いてきて、痛みの感情に触れることができ、子どもを必要な悲しみの処理の過程に、もう一歩近づけることができるのです。

養親にできること

救済の物語を話すだけでなく、いくつかの方法で、あなたの子どもの現実を真実と認め、悲しむことを手助けしてあげることができます。

新生児を抱くこと

愛着の専門家で、オハイオ州愛着と絆つくりセンターの創設者である、グレゴリー・C・ケック博士は、『宝石の中の宝石：養子縁組ニュース』への寄稿文で、こう言っています。「もし養親が、愛着の課題の教育を受けていて、子どもをしっかり抱いていたら……そしてはじめの一ヶ月は、子どもを下に置かず、胸から放さなかったとしたら、おそらくまったく違った成果を得ることができるでしょう」。

養親として、あなたがたは、赤ちゃんの喪失感にとても敏感になり、赤ちゃんが始終やさしく抱いてもらう必要があることを、もちろん理解なさるでしょう。

新生児に母乳を飲ませる姿勢で哺乳すること

愛着形成を助けるもう一つのやりかたは、養母が養子にしたばかりの赤ちゃんに、母乳を与える姿勢で哺乳することです。

オハイオ州コロンバス市の、悲嘆カウンセラーのジャン・ハリス女史は、まさにこれをやりました。彼女は『宝石の中の宝石：養子縁組ニュース』でこう言っています。「私は、私の赤ちゃんに、母乳を飲ませる姿勢で哺乳する方法を選びました。私はラクト・エイド（哺乳の援助のプログラム）を通して、自分の養子の赤ちゃんへの哺乳に成功した二四〇人の女性の研究を学びました。乳房からではないですが、小さなチューブが付いた処方乳の入ったバッグをお乳にあてて、お乳のところに抱いた赤ちゃんに哺乳するのです。多くの場合、母乳も出てきます」。

「私の赤ちゃんは、哺乳瓶で飲むより、抱かれてお乳のところで哺乳される方が好きでした。このように密着していることで、赤ちゃんはいつも誰かがそこにいて、自分を歓迎して、抱いてくれて、なだめてくれて、かわいがってくれると感じられたので、彼女が悲しみと喪失感に対処するのを、助けることができたのだと信じています」。

5　喪失を悲しむのに、あなたの助けが必要です。どうやったら、私が養子であることについての感情に触れ、その感情を確かめることができるのかを教えてください。

抱っこ型のおんぶ紐を使うこと

ジャン・ハリス女史はまた、抱っこ型のおんぶ紐の利用も推奨しています。「最初から、私は抱っこ型のおんぶ紐で娘を連れて出ました。おんぶ紐はいろいろな使い方ができますが、私は自分の前側でゆりかごスタイルにして、娘が私の心臓の音を聞くことができて、私のことを知ることができるように、彼女の頭を私の心臓の近くにくるように、おんぶ紐をつけました」。

コニー・ドーソン博士は、赤ちゃんの身体が、あなたの身体に自然に添うような形になるまで、赤ちゃんを抱いていることを薦めています。

哀悼の箱をつくること

学齢期の子どもの哀悼を支援するには、子どもに哀悼の箱をつくらせることです。どんな箱でも構いません……大切な意味のある箱でも、近所のお店で買ってきた箱でも大丈夫です。ただ一つ必要なのは、いくつかのものを入れておけるだけの、十分な大きさがあるということです。箱それ自体が、子どもの人生の象徴です。箱を用意したら、子どもに、これまでの人生の喪失体験のリストをつくるように言います（これには、あなたの助けが多分必要になるでしょう）。こうすることで、哀悼の二番目の仕事のところでお話したように、子どもが喪失体験の痛みに触れることができます。

子どもの人生の、喪失体験の例には次のようなものがあります。

・胎児期の喪失体験（産みの母の薬物中毒／レイプによる妊娠……など）

・産みの母の喪失
・産みの父の喪失
・自分の診療履歴の喪失
・自分の生まれた家族の歴史の喪失
・自分の所属感覚の喪失
・人生の一貫した物語の喪失

哀悼の箱の準備の次の段階は、それぞれの喪失を象徴するようなものを集めたり、買ったりすることです。子どもを励まして、できるだけたくさん集めさせましょう。子どもができないことには、援助を申し出ましょう。例えば、

・産みの母の喪失には、雑誌に載っている母と子の写真
・産みの父の喪失には、雑誌に載っている父と子の写真
・診療履歴の喪失には、バンドエイドの容器
・産みの家族の歴史の喪失には、空っぽの家系図
・自分の所属感覚の喪失には、雑誌に載っていた、悲しそうな顔をした人の写真
・人生の一貫した物語の喪失には、切れた紐

5　喪失を悲しむのに、あなたの助けが必要です。どうやったら、私が養子であることについての感情に触れ、その感情を確かめることができるのかを教えてください。

品物が集まったら、子どもにその品物について話をしてくれるように言いましょう。こんなような言葉をかけて、子どもが悲嘆の感情の情緒的な処理ができるように、励ましてあげましょう。「それは本当につらかったでしょう」「〇〇はどんな思いだったか、想像もできないわ！」「いいのよ。怒りを全部、吐き出してしまいなさい」など。

子どもが哀悼のプロセスを、あなたと一緒にやりたくない場合があることに備えてください。ある養母が言っていたのですが、一三歳になる養女はママを傷つけたくないので、この問題をカウンセラーと一緒に取り組みたいと言ったのだそうです。

すべての涙を泣きつくして、ひとまず感情の仕事が終わったら、子どもはもう一度これが必要になるまで、哀悼の箱を特別な場所にしまいます。

人生の本をつくること

養子の悲嘆を支援するもう一つの方法は、子どもを励まして人生の本をつくらせることです。ある養子は自分の写真を引き伸ばして、それを切ってパズルをつくりました。自分の「人生の本」の表紙に、ほとんどのパズルの断片を貼り付けたのですが、全部ではありませんでした。自分の人生の抜けている部分を象徴するためです。それから一行一行、一ページ、一ページに自分の物語を「人生の本」に書き込みました。子どもは自分の物語を語るのに、自分の描いた絵やスケッチ、シンボルなども使うことができます。

手紙を書くこと

産みの両親に手紙を書くことも、子どもが、養子縁組の喪失体験に触れるのを、助ける方法です。子どもは、何度にもわたって続きの手紙を書き、段々と手紙のスクラップブックをつくるかもしれません。

ここに載せるのは、非開示型養子縁組と情報開示型養子縁組（オープン・アダプション）の、両方の子どもたちの書いた手紙です。子どもたちの考えを比べてみて、面白いと思われるでしょう。例示したものは、特に記していない限り、非開示型か半開示型の養子縁組の子どもの手紙からの引用です。

産みのお母さんへ
どうして僕を手元に置かなかったの？　僕が嫌いだったから？
ステファン（四歳半）

産みのお母さんへ
お母さんの名前は何で、どんなお顔なの？
メリッサ（五歳半）

産みのお母さんへ（情報開示型養子縁組）
お母さんが僕のママでいてくれたら、よかったのにと思います。そうできなくて悲しいです。でもお母さんが、僕にとって一番良いと思われることをしてくれたのは知ってます。
愛をこめて、ポール（七歳）

産みのお母さんへ
お母さんのことを全部知りたいです。あなたのことを知ることができなかったので、ママ

5　喪失を悲しむのに、あなたの助けが必要です。どうやったら、私が養子であることについての感情に触れ、その感情を確かめることができるのかを教えてください。

（養母）に怒っています。お母さんに何か問題があるの？　だからお母さんに会えないの？　私に何か問題があるの？

エミー（一〇歳）

産みのお母さんへ（情報開示型養子縁組）
もうお母さんのことで悲しむことはありません。僕はシアトルが好きです。学校も友だちも、ここでの僕の人生も好きです。
ディビッド（一一歳）

産みのお母さんへ（情報開示型養子縁組）
養父母が、自分たちの子どもに、産みの父母のことを話さないなんて酷《ひど》いと思います。僕は嘘と秘密は嫌いです。もしも僕の養父母が、最初からお母さんのことを知らせてくれていなかったら、彼らを憎んでいたと思います。
ジム（一三歳）

産みのお母さんへ
いつかお母さんに会いたいです。一八歳になったら会えますね。お母さんも私に会いたいですか？　そうだといいな。
ローリー（一三歳）

産みのお母さんへ（情報開示型養子縁組）
養子縁組の話なんて退屈だ。
ブラッド（一七歳）

子どもを他の養子たちに会わせること

養子は、他の養子の話をお互いに聞き合う必要があって、そうすることは、真実を認めるための、もう一つの素晴らしい資源になります。私たち養子の間には見えない絆があって、それが私たちを強くしてくれます。

ある地域の養親たちは、養親支援グループを営みながら、同時に養子たちの遊びの見守りもしています。そこでは、養子たちの「他の子と違う」とか、「(私は)特別だ」という感情はなくなって、自分自身でいられる自由を感じることができるのです。

子どもに自分の長所を思いださせること

養子の子どもたちは、その子の長所や能力と生まれながらの価値について、始終思いださせてもらわなければなりません。そうすることで、子どもたちは、養子縁組の喪失体験から生じるかもしれない深い無力感を、制御できるようになるのです。

養親には、子どもが自分の強みを見て、それをしっかり認められるように、鏡を持ちあげてみせてあげる機会が限りなくあります。そういう機会を探してください。

今やあなたは、お子さんが哀悼のプロセスをやり遂げるのを支援する、特別な方法を知りましたが、お子さんがあなたに打ち明けていない、もう一つの思い込みがまだ残っているのです。次章はそのことをお話ししましょう。

5　喪失を悲しむのに、あなたの助けが必要です。どうやったら、私が養子であることについての感情に触れ、その感情を確かめることができるのかを教えてください。

6

私が産みの家族について話さないからといって、それは産みの家族のことを考えていないということではないのです。

子どもたちは誰でも、自分の親にがっかりするようなことがあると、もっとよい親を持つことを想像してみることがあります。フロイトは、このことをファミリーロマンスと呼びました。しかしながら養子でない子どもは、あとになって自分の両親には良い面も悪い面もあるのだと学んで、その事実を受けいれると、この幻想は消えてなくなります。

養子にとっては、そんな簡単なことではないのです。養子には、本当にどこかにもう一組の両親がいるのですから。養子の空想は自分が養子だと聞いたときにはじまり、その空想には良い面も悪い面もあります。

あなたは、お子さんがこんなふうに空想しているとは、気づいていないかもしれませんし、おそらく、すべての養子がしているわけでもないでしょう。それでも、養子縁組専門家のブロジンスキー博士とシェクター博士が『養子になって：一生の自分探し』に書いている言葉を聞いてください。「私たちの経験では、すべての養子は探索を行う。それは文字通りの探索とは違うかもしれないが、それでもなお意味深い探索である。それはまず、子どもがこう訊くことからはじまる。『どうして養子になったの？　産みのお父さんお母さんは誰なの？　今どこにいるの？』」

私は、ある日二歳になる双子の孫息子たちの世話をしていて、この考えをまったく出し抜けに学んだのです。私が孫たちと過ごす時間を持てる日にはいつでも、子どもたちは頻繁に、親戚のすべての人たちの名前を持ちだします。子どもたちの心は、始終自分たちを愛してくれる人たちのことを考えるものなのです。まるで「彼らは今どこにいるの？　彼らは何をしているの？」とでも言うように、「パパウは？　シェイアは？　コアは？　ミミは？　ゴンパは？」と、訊いてきます。孫たちは無頓着に、両親双方の親族をまぜこぜにします。子どもたちにとっては、どちらが好きというような壁はありません。ただ自分たちを愛してくれる人たちがいて、自分たちが大好きな人たちがいるだけです。

養子も同じことです。子どもの心の奥深くには、「私を産んでくれたお母さんは今どこにいるの？　私の産みのお父さんはどこにいるの？　産みのお父さんお母さんは何をしているのかな？」という疑問があるのです。

子どもの養子の世界には、「私たちとあの人たち」という思考方法はないのだということを、心に留めておくことが肝要です。子どもたちが認めているかどうかにかかわらず、産みの両親は、今までも、そして今後もずっと、子どもたちの世界の一部分なのです。子どもたちのことで、競争意識を持ったり、所有したい気持ちを持ったりして、壁をつくってしまうのは、私たち大人なのです。

この話が、情報非開示型や半開示型の養子縁組の養親にとって、ときには難しいのだということは

6　私が産みの家族について話さないからといって、それは産みの家族のことを考えていないということではないのです。

わかります。あなたは、産みの親について、心を開いて話すのが怖いと思われるかもしれません。それでも、もしあなたが子どもの内密の世界に波長を合わせようとするのでしたら、それこそが肝心なのです。

ファンタジー（幻想）の定義

それでは、養子縁組のファンタジー（幻想）とは何なのでしょう？ 「幻想」の同義語をいくつかあげます。

・想像
・独創性
・創造性
・イメージ
・観念
・白昼夢
・幻影
・影
・忘れられない恐怖

・悪夢

養子縁組の幻想は悪いものではありません。それは単に、養子と養親が心の中に培う、養子縁組のつらい喪失体験を和らげたいという夢なのです。幻想を持つことについて、養子は自分を卑下する必要はありません。それを持たなければ、つらさは耐えがたく、悲嘆の重荷は背負いがたいかもしれないのですから。いろいろな意味で、幻想は、養子が生き延びるのを助ける、養子に与えられた贈り物なのです。

カール・ユングは、幻想とは無意識の人生の自然な表れだ、と言っています。私は、養子の幻想は、捨てられた痛みと分断された人生の物語に、折り合いをつけるための、一つの方法だと信じています。人生のパズルの欠けている部分を、養子が幻想で埋めることができれば、それほど差し障りはないでしょう。

私の孫息子たちは、自らをなだめる特別な毛布を持っています。孫たちはどこに行くにもその毛布を持っていき、何かで気が動転するとそれを欲しがります。毛布が「お母さんの代わり」なので、身体に近寄せると慰《なぐさ》められるのです。養子の幻想は、この慰めの毛布のようなものです。

傑出した作家のベティ・ジーン・リフトンは、『養子になった自己の旅』のなかでこう言っています。「幻想は母親の代わりです。母親がくれなかった、慰めの場所です。幻想は、実験用の猿が、母猿を取りあげられたあとに与えられた、代理のぬいぐるみのような機能を果たすのです」。

セラピストのナンシー・アリック・ハープは、あるニーズが幻想を抱くきっかけとなり、特定の幻

6　私が産みの家族について話さないからといって、それは産みの家族のことを考えていないということではないのです。

想は大衆文化を反映しているようだと、言っています。自分たちが会社に行くパパとなる、孫息子たちの空想の遊びを、私が観察したところでは、彼らの空想下のニーズは、父親が外の世界に行っている間も父親と繋《つな》がっていたい、という願いでした。もしも子どもに自分に注目してもらいたいニーズがあれば、スパイダーマンになる空想をするでしょう。もし子どもに能力を持ちたいニーズがあれば、スーパーマンやワンダーウーマンになる空想をするかもしれません（ちなみに、スーパーマンは養子でした）。

空想はどうやって表現されるのか

子どもたちの空想は遊びのなかに表現されて、その子たちの思い込みや、あれこれ言っているなかにたくさん現れてきて、養親たちをびっくりさせるかもしれません。『養子縁組についての幼い子どもたちとの話し合い』のなかでの、ワトキンスとフィッシャーの観察は、私たちに識見を与えてくれます。

- 三歳の養女は、自分のお誕生日パーティに、生母と養母の両方がきてくれるのを期待していた。
- 五歳の養女は、毎年夏に、自分と養親家族が産みの家族と一緒に過ごすことを空想していた。
- 四歳の養女は、実際には一度も会ったことはないけれども、空想で家族の一員としていたエル・サルバドルの祖父の絵を描いた。

・五歳の養子は、「僕を産んでくれたお母さんのために、裏庭にテントを張った方がいいんじゃない？」と言った。
・ある子は幼稚園で、自分が赤ちゃんのときにお母さんのおっぱいを飲んだ話をした。話の続きで、他の子どもたちに哺乳について描写してみせたが、実際にはそんな経験はなかった。
・ある養女は、養子縁組の日の物語を再演するのに、養母に、赤ちゃんを選ぶときに間違った赤ちゃんを選んでしまったふりをしてくれるように頼んだ。それから彼女は嬉しそうに、養母の間違いを正して、自分が養母の選んだ正しい赤ちゃんだと宣言するのだった。

もしあなたが、大人になった養子に向かって、「何年にもわたって、なくしてしまった産みの家族の生活をありありと空想したことがあったか」と尋ねたら、おそらく「ない」と言うでしょう。しかし、もしその人が、空想上の生活がどんなふうに現れるかの典型的な例を示されたら、おそらくそれとわかるでしょう。以下は、よく起こる空想の現れ方のリストです。

馴染《なじ》みの顔を探すこと

ある養女は、始終群衆のなかに彼女に似た顔を探しています。彼女は潜在意識下で、なくしてしまった愛する人の顔を一目見ることさえできれば、傷が魔法のように消え、生まれて以来の喪失の影響が霧のようになくなり、悲嘆が癒されると信じているのです。

ティーンエイジャーの養子は、誰かの家を訪ねて、自分に似た親戚の写真を見たら、もしかしてあ

6 私が産みの家族について話さないからといって、それは産みの家族のことを考えていないということではないのです。

自分の産みのお母さんではないかと訝《いぶか》るかもしれません。

ある大人になった養子は、「心の中の絵に、顔を描けるだけでいい」と、言い、別の養子は、「自分に似ている人を見るだけで楽しい」と、言いました。

最近、飛行機に乗っていたとき、気品のある高齢の男性が私の隣に座りました。最初に意識に上った考えは、「もしかして、この人は私の産みのお父さんではないかしら?」ということでした。

養子のエイミー・ヴァン・デア・フリートは、失った顔についてこの詩を書きました。

答えを求めて何百万回も入念に調べた
不特定情報書類が私に告げるのは
〝読書と、ゴルフと、水上スキーが彼らの趣味だった〟
皮肉なことに、それは私の趣味でもある
もしも、たった一日でいいから
たっぷり陽が注ぐ午後の湖で
輝く鎧をまとった私の騎士と
群衆のなかに、いつも探している顔を持った女性と
一緒にいられたらどんなに素敵だろう

抱いて欲しいと願うこと

私たちのサポートグループの大人になった養子たちが、彼らの心の奥深くの幻想を言葉にしたのですが、それは産みの母の腕に抱かれたい、ということでした。男性の養子にとっては特にそうでした。一人が言うには、「それがどんなにいい気持ちか、想像もできないくらいだ」。

完璧な家族を夢見ること

大学一年生のアンドリュー・チルストロームは、その早すぎた死の直前に、完璧な家族についての詩を書きました。

〝家庭〟

白い柵のある小さな家が欲しい
油で手入れしなければならない門がついているもの
そして、とても大きな裏庭が欲しい
木陰にハンモックがつってあり
そこで犬が蝶々を追いかけている
かわいい笑顔の愛情深い奥さんが欲しい
〝ママ〟とかかれたエプロンをしている
でも何よりも、神よ、あなたが欲しい

6　私が産みの家族について話さないからといって、それは産みの家族のことを考えていないということではないのです。

私の家にいて
私の妻と子どもたちを見守って
木陰のハンモックと
そして蝶を追う犬を見守っていてください

（『アンドリュー、あなたの死は早すぎた』コリーン・チルストローム）

大人の養子たちは、子ども時代の幻想を振りかえってこのように言っています。

・私はいつでも、理想の家族を取りあげたテレビ番組が好きでした。実際、それに取りつかれていました。
・私は心の中につくりあげた、愛情深くて面倒見のいい両親を探していました。
・私は、産んでくれたお母さんのことを想像していました。お母さんは、レンガの家に住んでいるのですが、顔がないのです。

健全な空想は、養子が原初的な痛みと一時的にうまく付き合える、有用なはたらきをします。そういう意味で、空想は、脆《もろ》い精神を助ける有効な要塞となり得ます。しかし、養子が引き籠《こ》もったり、深い喪失体験と悲しみの処理を避けるようになると、空想は病的で破壊的なものになります。養子が、実際には起こり得ないことを想像するとき、以下にあげる態度やふるまいを見せるでしょう。

親に代わる人たちを探す

振りかえってみると、私自身の養子としての空想がはっきりわかります。私の空想の多くは――残念なことに――養母を中心としたものでした。いつも誰か、養母の代わりになってくれる人を探していました。養母がよい母親であろうとして、最善を尽くさなかったということではないのです。私が、養母を、意識せずにそんなふうに見ていたのでした。養子縁組で起こる事柄を勉強してはじめて、何が問題だったのかを理解するようになったのです。

ナンシー・ヴェリエが、『原初の傷：養子への理解』で、こう説明しています。「養子と養母の人間関係が酷《ひど》く乱れたものになるのは、女性は往々にして、子どもを捨てる人として見られるからです」。ヴェリエは続けて、ベティ・ジーン・リフトンが会話で、「養母との絆づくりの難しさは、信頼の問題ではなくて、一番目（産みの）のお母さんへの忠誠心の問題なのです」と述べたと言っています。

私は、この養子縁組で起こり得ることの知識が、すべての養親に本当に大切なことだと信じています。なぜなら、こういうことが起こったときに、あなたがショックを受けずに、子どもが何を悩んでいるか知って、子どもの行動を、あなた個人を拒否していると受けとることなく、効果的なやりかたで子どもに手を差し伸べてあげられるからです。

私はティーンエイジャーのとき、他の子のお母さんたちに惹かれて、理解してもらい指示を出してもらいたがりました。大人になると私は、女性のメンター（助言者）を選びました。そのときは、自分が生まれたときに失った、生母を探しているとは気づいていませんでした。永遠の喪失の代替品は

6　私が産みの家族について話さないからといって、それは産みの家族のことを考えていないということではないのです。

すべて幻想に過ぎないとは、思いもよりませんでした。

私はまた、産みの父親についても空想しました。産みのお父さんは、輝く鎧に身を包んだ騎士だと想像していました。これを私の人生の、重要な男性たちに転化しました。夫に出会ったとき、彼を理想化して、彼は間違ったことは一つもしないし、私のすべてのニーズを満たしてくれる人と信じ込みました。

言うまでもなく、私の産みの母と父についての両方の空想は、私が健全な感情と健全な人間関係を築くうえでの妨げとなりました。

人を理想化する

私はメンターたちを探し求めただけでなく、彼女らを理想化しました。私はメンターたちを高々と祭りあげ、どんな人間でも添えないような期待を、彼女らにかけました。

ロバート・アンダーセン医師が、自伝『第二の選択：養子として育って』に書いています。「私は自分の産みの母を、地上へ引きおろすことが困難でした。私は母を愛してもいたし、憎んでもいましたが、母はいつも雲の上の存在でした」。

養子が人々を理想化し続ければ、ママもパパもすべての人も、完璧とはほど遠いのだと学ぶことはないでしょう。産みの両親も養父母も完璧ではないと気づき、彼らを人間として受けいれることが、大人へと成熟するということの一部なのです。この一里塚を通過できなければ、養子は子ども時代に取り残されたままになってしまうでしょう。

人を批判する

遅かれ早かれ、私が祭りあげた人々は理想化した祭壇から落ちて、私は深く落胆しました。誰かが落ちれば、私は大変批判的になりました。誰ひとりとして、私も含めて、私が設定した基準を満たせる人などいなかったでしょう。結局このパターンが、私の人生の大部分の人間関係のパターンになったのです。

結婚に失敗したある養子の男性は、このことが彼の離婚に寄与した要因の一つだったと告白しました。

自分自身への高い期待

多くの養子は、自分自身に、非常に高い基準を設けます。なぜなら、潜在意識上、自分は「特別」なのだ、または「特別」でなければならないのだと信じているからです。

フォックス・テレビのスポーツキャスターで、ベストセラー作家であるティム・グリーンは、『ある男と母親：養子の息子の探求』で、幼稚園時代の自分自身についてこのように書いています。「素晴らしい成績と評価の威力を知るには、通信簿一枚あれば十分だった。靴紐を結ぶ――A、マナーがよい――これもA、友人たちにとても配慮を示した――その通り。この通信簿をAで埋めさえすれば、先生たちは『よい子』と言ったし、両親の目は輝いて、祖父母はやさしく『偉かった』と言い、叔父さん叔母さんは口を突き出してうなずいてくれた」。

6　私が産みの家族について話さないからといって、それは産みの家族のことを考えていないということではないのです。

グリーンは続けて、自分がそのように励んだことへの代償を払ったと言います。「たった八歳で、私は苦痛に満ちた悪夢と不眠に苦しんだ。ちょうど精神障害の大人が味わうような不調だった」。

権威ある人たちへの怖れ

権威の役割をする人々への怖れは、養親の期待――多分養親は、自分ではない誰かになって欲しがっている――に対する、養子の潜在意識的な反応でしょう。養子は、養親の期待に添うことができないのではないかと、怖れているのかもしれません。

ある大人になった養子が、私たちのサポートグループで言ったのですが、「私は養子なので、どんなに努力しても、養親の期待に完全に添うことができなかったと思います」。

しばしば養親は意識せずに、子どもの人生がどのように展開して欲しいかという思惑を口にします。「彼女は多分、私のように教師になるわ」とか、（子どもが、大学に関心を示していないのに）「どの大学に行きたい？」とか。

否定的なイメージ

理想化の反対は、否定的な、ときには悪夢のような幻想です。養子は産みの母を美しいプリンセスだと想像する代わりに、ホームレスや意地悪な魔女だと想像するかもしれません。

養子が産みの父母についてどんな空想を持っているかを、養親がはっきり気づくことが大切です。それによって、正直で愛情深い癒しの思いで、空想の占めていた隙間を、埋めることができるのです。

養親にできること

今や私たちは、空想の一部始終について学びましたから、子どもが空想を超えて、人格の統合と成熟に向かうことができるように、あなたがたにできる手助けについて話しましょう。

子どもの白昼夢に注意すること

子どもが、まるで別の世界にいるかのように、感情的に距離を置いているように思えるときに、注意してください。子どもが身体で何を表現しているかわかるようになってください。子どもが落ち込んでいたり、まるで『そこにいなくなってしまった』ようなときは、何を考えているのか、やさしく聞いてあげてください。子どもが自分の空想について全部話せるように、特別なデートをしてもいいかもしれませんね。子どもを会話に繋《つな》ぎとめておくようにしてください。

心の中を探る質問をすること

お子さんと一対一の時間を持てたら、チャンスを利用して、子どもの心の中を探る質問をしてください。例えば、「もし私に何でも頼めるとしたら、それはどんなことかしら?」のように。

これはセラピストにとっても優れた質問です。リーは、八年にわたるセラピーのあとに、カウンセラーがこの質問をしたときのことを話しています。リーはすぐに、自分が何と答えたいかわかったの

6　私が産みの家族について話さないからといって、それは産みの家族のことを考えていないということではないのです。

ですが、躊躇しました。遂に勇気を出してカウンセラーに言った言葉は、「あなたに抱きしめて欲しいのです」でした。

セラピストが、それはもっともな願いだと応えたとき、リーは抑えきれずにすすり泣きをはじめました。リーは、最も深い母への想像をセラピストに転化して、母からの慰《なぐさ》めと慈しみを受けとったのです。その結果は、リーの身体の完全な安らぎでした。リーは母の心臓の音を聞き、『安心』の接触をもらったのです。言うまでもなく、これは多くの癒しをもたらしました。

養親の皆さんが、ここからくみ取れる意味合いは、あなたがたは子どもと空想の場所を訪ねて、空想の背後にある正当なニーズを満たすことができるということです。子どもと一緒に床に座って、遊びに参加してください。レゴを使って子どもと一緒に街をつくり、人形たちで想像を完成させましょう。子どもの遊びを観察し、想像上の登場人物を子どもがどのように言っているかを観察してください。「これはグランディおじいさんよ」と、子どもは言うかもしれません。「おじいさんは、赤ちゃんのブーンズを訪ねていくところなの」。そうしたら、こう訊いてみてはどうでしょう。「おじいさんとブーンズは、一緒に何をするの？　あなたは赤ちゃんブーンズが何をしたいんだと思う？」このようにすると、子どもがあなたを、空想の世界に連れていってくれます。

私の娘が双子の息子に、親としてやっていることを見ていて、私は効果的な子育て法をたくさん学びました。娘はいつも彼らと床に座って——子どもたちのレベルに降りて——想像を使って、彼らの世界に入っていきます。ダンプカーを動かすときには、唇でエンジン音を真似《まね》します。息子たちが家を出る真似をして、「すぐ戻るから、行ってきます」と言うと、娘はどこに行くのか尋ねます。息子たちのレベルで繋《つな》がることと質問をすることで、娘は、息子たちの頭と心に何が起きているのかの、重要な情報を集めているのです。

今やあなたは、養子の子どもの空想の世界と、産みの家族について子どもの秘めた思いに、以前よりずっと気づいていますから、産みの家族について、子どもとの特別な会話をはじめるイニシアチブ（主導権）を取る方法を学ぶのが大切です。それが、私たちが次に話すことです。

6　私が産みの家族について話さないからといって、それは産みの家族のことを考えていないということではないのです。

7

あなたに、私の産みの家族についての、会話の口火を切って欲しいのです。

亀を想像してみてください。動物園で見るあの陸亀です。大きくてゴツゴツした甲羅を家にして、日中はめったに頭を出さず、目的地に近づくのに、よたよたとわずかずつ歩を進めます。

失礼ながら、私たち養子の多くは、この亀に非常によく似ています。自己主張をしてもよさそうなときだけ頭を出して、質問をしたり、過去についての感情を表現したりするのです。「私の生まれた病院で、診療記録のことを訊いてもいいですか？」「産みのお父さんお母さんの、不特定情報を訊いてもいいですか？」「産みの両親に興味があって、いつか会ってみたいと言ってもいいですか？」「産みのお母さんが、私を捨てたことを怒ってもいいですか？」「産みの家族を、探してもいいですか？」「再会したときに、産みのお母さんが私を拒絶したら、血の繋《つな》がりのある他の親戚を、探してもいいですか？」

これらが、多くの養子が取りつかれている質問の、ほんのわずかな例です。第一部一章の幼い養女の話を思いだしてください。養母が生母について、気軽な感じで話したのを聞いたとき、その子は羊のようにおずおずと尋ねたのです。「そんなことを話しても、大丈夫なの？」これが、やっと頭を出した亀のように感想が現れた、よい例です！　この幼い養女は素晴らしい環境に恵まれていたのですが、それでもまだ、彼女は躊躇して、怖れていました。

「どうしてそうなの？」と、あなたは不思議に思われるかもしれません。どうしてほとんどの養子たちにとって、産みの家族について話してもよいのだと信じることが、そんなに難しいのでしょうか？　どうして養子たちは、怖気づいて固まってしまったり、興味はあるけれど、もっと知りたいと同時に知りたくない、矛盾する気持ちで躊躇してしまうのでしょうか？

私は、多くの養子たちが躊躇する主な理由を、自分たちは被害者だと考えているからだと思います。それで自分をちゃんと主張できなくなっているのです。スーザン・フィッシャー博士とメリー・ワトキンス博士の『養子縁組についての幼い子どもたちとの話し合い』のなかの、子どもたちの意見と行動を考えてみましょう。

・三歳の養女が、『ごっこ遊び』で、まだお乳の必要な赤ちゃんブタのふりをしています。養女は赤ちゃんブタが、養母の家で暮らしてもいいかどうかを、養母から母ブタに訊いてもらいます。母ブタはいいわよと答えます。養母のままごとの家で、養女は養母に、赤ちゃんブタをピシャピシャ叩かせます。すると、子どもは赤ちゃんブタを守ってくれる、母ブタのところに走って帰るのです。

7　あなたに、私の産みの家族についての、会話の口火を切って欲しいのです。

・六歳の養子が訊きます。「私を産んだお母さんは、私を見て、なんて言ったの？　私にキスした？　あなたたちが私の親なんだから、あなたたちだけがキスしてくれたらよかったのに」。

養親は、養子が無意識に被害者としての心的態度を取る傾向があり、共感してもらいたいニーズがあることに気づくことが大切です。なぜなら、養子になった子どもは、文字通り被害者なのですから。ナンシー・ヴェリエは、『原初の傷』のなかでこう言っています。「被害者だと感じるのは、空想上だけではなく、現実なのです。捨てられた体験は、他者の情けを受けている感覚をしばしば永久に残します」。

被害者の心的態度を理解する

被害者の心的態度には、三つの様相があります：無実であること・無防備であること・無力であること。この三つは、生まれてから癒しが起こるまで、ずっと養子の心の中にはっきり存在します。

無実であること

生母が妊娠したのは、養子のせいではありませんでした。理由はともあれ、生母が親にならなかったのは養子のせいではありませんでした。子どもには、生まれたときに家族をなくすような咎《とが》はありませんでした。養子はこのことについては、完全に無実だったのです。

無実であるにもかかわらず、養子の多くは、間違った罪悪感を抱いています。これは離婚した両親の子どもとよく似ています。子どもたちは、黙ってこう考えているかもしれません。

・私は、もう一人のお母さんを怒らせて、私を他人にあげてしまうようなことを何かしたのだろうか?
・産んでくれたお母さんは、私を好きじゃなかったと思う。
・産みのお父さんには、何か悪いところがあったのだろうか?

無防備であること

養子は、捨てられたときは無力でした。子どもはそのあとも、傷つくことに対して自分を守れませんでした。子どもは幼いときから、遊びを通して、この無防備な感覚を再現するかもしれません。『養子縁組についての幼い子どもたちとの話し合い』で、フィッシャーとワトキンスはこう観察しています。

・三歳の養子が、誰かが赤ちゃんネコを母ネコから奪おうとして、母ネコが抵抗するところを再演する。
・ある養女が、悪い女の人がよいお母さんから子どもを奪い去るシーンを再演する。養女は奪

7　あなたに、私の産みの家族についての、会話の口火を切って欲しいのです。

い去られる子どもに、養母の演じる悪い女の人に向かってこう言わせる。「あなたさえいなかったら、私は本当のお母さんと一緒にいられたのに」。それから子どもは養母にこう打ち明ける。「ええ、あなたがいなければ、私は今でも産んでくれたお母さんと一緒にいたのに。あなたがきて、私を奪ったの」。

・ある子どもが、こう訊いた。「僕の血の繋《つな》がったお父さんは、どこにいるの？　どうして居場所を知らないの？　僕はお父さんに、僕を見つけて欲しくないんだ。……僕を連れ去るだろうから……僕はお父さんにさらわれるから」。

無力であること

あなたの養子が生まれたときに、そこに子どもの世話をしてくれる人たちがいたとしても、子どもを迎えるためにあなたが分娩室にいたとしても、産みの母から取りあげられて、あなたの腕に託されたことは、子どもにとってはある程度のトラウマだったのです。

あなたの子どもが経験した無力感について、もう少し理解するために、あなたがヨーロッパに向かう飛行機に乗っていると想像してみてください。やっと到着したときに、あなたの興奮は最高潮に達するでしょう。どんなに素晴らしい旅行になるだろう！　日が経つほどに、あらゆる状況は……食べ物も、ホテルも、埃《ほこり》っぽい田舎道も……皆素晴らしい。

でも、その素晴らしいすべての最中に、何か胸が締めつけられるような感じが起こります。あなたには、はっきり描写できないけれど、こうしたまったく素晴らしいこと自体が、あなたの内に奇妙な無力感を生み出しているのです。あなたを取り巻く物事が、すべて違うのです。人々。食べ物。言語。あなたの身体は、時差の影響を感じはじめます。人々は別の言語を話しています。あなたは苦心惨憺して、溶け込もうとします……外国人に話しかけたり、メニューを読んだり。でも、できません。素晴らしいこと自体が無力感をつくりだすのです。

多くの養子には、こういう潜在意識下の無力感が、終生続くかもしれないのです。

あなたにとって、こういう言葉を消化するのは、かなり厳しいということはわかっていますが、それでもあなたが、子どもの産みの家族について話すという、口にできないニーズを十分理解しようとするならば、子どもが隠し持っている、複雑でむしろ怖い考えや感情にいくつか気づいていなければなりません。

わかりますか？　あなたの養子の心の中には、産みの母について、混じり合った感情があるのです。想像。怒り。被害者にされた気持ち。愛情。あなたは、子どもがこういう矛盾した感情を知って処理する過程を支援できる強力な資源にもなり得るし、主な障害にもなり得ます。あなたが、処理する過程の進行を助ける役割をするか、それを妨げる役割をするかは、子どもの産みの家族について、そしてその家族への子どもの複雑な感情について、建設的な会話に子どもを引きこむ意思と技術を持っているかどうかで決まります。この重要な仕事をやり遂げるために、あなたにどんな準備ができるかを検討していきましょう。

7　あなたに、私の産みの家族についての、会話の口火を切って欲しいのです。

話す準備をする

子どもの産みの家族について、子どもと話す口火を切ろうと考えたときに、心に何が浮かびますか？　子どもの産みの家族は、万難を排して避けるべき敵だ、というような、防御的な気持ちですか？　子どもの人生に産みの家族が関わってくる可能性を考えて、悲しくて唇が震えだしますか？　子どもが、あなたよりも産みの家族を愛するようになることが、怖いですか？

そうだとしたら、この項は特にあなたのためのものです。子どもは、身体での意思表示を読む名人です。あなたは、子どもたちの目をくらますことはできません。もしあなたが何かで気が動転して、それを隠そうとしても、子どもたちは感じとるでしょう。

心の核心に近い問題を、子どもと建設的に話すためには、まず、養子縁組が家族組織に与える影響について、健全な態度を持つようにならなければなりません。社会学者で作家のH・デビッド・カークが、『共有する運命』で、養子縁組が家族にもたらす影響について、養親が取りがちな五つの共通する態度について、提起しています。

1．断定：すべての困りごとは養子縁組のせいである。実子と養子の違いを非常に重視する――〝悪い種〟

2．前提：両親が養子縁組を美化して考えて、養子が養子縁組に対して、肯定的な感情しか持たないと信じている

3．承認：養子縁組が、家族の問題の一つとして受けとられている。家族全員が、養子縁組について特別な感受性を持っている。

4．拒否：養親は「そう、違いはある。でも……」と、違いを認めるが、そのことは忘れたがっている。養親は、子どもが違いを感じていて、その感情を話す許可を必要としていることを忘れている。

5．否認：養親は子どもに養子縁組について話していない。家族のなかに大きな秘密がある。

もちろん、「承認」が最も健全な態度です。家族の問題のすべてを養子縁組のせいにすることはできませんが、養子が、自分の人生模様のなかで養子縁組がどの部分を占めるのかを、わかるように手助けするのは大切なことです。

子どもを、産みの家族についての建設的な会話に引きこむのに備えるうえでできることがあります。

自分が一番怖れていることに向き合うこと

養親として最初にしなければならないことは、あなたが一番怖れていること、つまり子どもに拒絶されること、に向き合うことです。あなたは、子どもがいつか産みの家族と再会して、あなたと何も関係なくなることを想像しているかもしれません。そうなったら、あなたはまた、子どもがいない寂しい生活に戻ってしまいます。

産みの親との再会で起こるであろうことは、あなたが怖れていることとは正反対のことです（この

7　あなたに、私の産みの家族についての、会話の口火を切って欲しいのです。

件の詳細は、本書の最終章で話します）。それにもかかわらず、あなたは思いもよらなかった感情の激流が、溢れ出るように感じるかもしれません。嫉妬と羨望。怒り……激怒さえも。何年にもわたってあなたの心の一番近くで育んできた子どもに、裏切られたような感覚。

共感して耳を傾けてくれる友人や、プロのカウンセラー、養子縁組のサポートグループなどが、この大変な時期を乗り越えるあなたの助けとなるでしょう。その人は、以前に自分自身の痛みと向き合って取り組んだことがあり、あなたの状況に怖気づかない人です。この時期を通り抜けて対岸に着いたときに、あなたは本当に子どもの感情に波長を合わせることができるようになります。

対話をはじめる許可を与えること

養親は、養子が産みの家族について話すことに、繰り返し許可を与える必要があることを憶えていなければなりません。まるで、子どもの〝許可ボタン〟が壊れているかのように、あなたの言葉は片方の耳から入って、もう一方の耳に抜けてしまうのです。

養母のキャシー・ジャイルズは、許可を与え続けることが、養子の数限りない質問や、養子が抱く感情へのOKサインだと信じています。「養子は、産みの親について知りたいと思うことに対して、養親がOKかどうか感じとるものです。養親は、自分たちが子どもを理解し、共感しており、実際に子どもが最初の両親に繫《つな》がれるように助けるつもりだということを伝えなければなりません。養親の方々に言いたいのは、『子どもの本当の願いなんて、知りたくないわ』などと言って、自分をごまかさないで欲しいということです。そうではなくて、『私の子どもは今、または将来に、何をしたくて、何を必要とするだろう？』と、自問してください」と彼女は言っています。

競争しない精神を養うこと

第三の事前準備は、養親と実親の間で競争しない精神を持つことです。これが養親にとって、最も難しい仕事かもしれません。なぜなら、養親は、自分たちが子どもの唯一の親ではないことを、無条件に受けいれなければならないからです。

これは痛い言葉であるのを知っています。多くの養親は、白紙の状態……新しい出発を望みます。しかしながら、あなたの子どもには、二組の両親――血縁の親と養い親――がいるのです。あなたがそれを受けいれ、理解することを選ぶかどうかにかかわらずこれが子どもの現実なのです。養子の心の中には、産みの母と産みの父だけのために取ってある、特別な場所があるのです。もし養親が、両方の役割を演じようとすれば、養子は想像と思考のなかで、産みの両親を生かし続けるために、恨みという高い壁を築くでしょう。

あなたも、子どもの産みの両親のことを思っていることを、子どもに知らせましょう。そうすることで、子どもを秘密の空想の世界から、現実の世界――子どもには産みの両親がいて、あなたがその事実を了解している――に、連れ戻すことができます。もしも産みの親が望むなら、子どもへプレゼントを贈ることを許し、時々の子どもの成長を伝えてあげましょう。

7　あなたに、私の産みの家族についての、会話の口火を切って欲しいのです。

あなたの役割に自信を持つこと

子どものために、養親としてできる最も大切なことは、子どもが実親について話しているときに、心地よく、防衛的にならずにいることです。子どもは、産みの親の話題が持ち上がったときに、あなたから発せられる落ち着いた自信が必要なのです。

あなたは、子どもの人生に影響を与える唯一の重要な地位にいるのだということを承知して、その役割に自信を持って、足を踏み入れてください。ええ、あなたはその子を産んでいません。あなたには、子どもとの血の繋《つな》がりはありません。でも、あなたは他の誰にもあげられないものを、子どもにあげているのです。あなた自身が子どもにとっての贈り物なのです。ちょうど、子どもがあなたにとっての贈り物であるように。

私は、神様が養父母に手紙を書いていることを想像して、養父母への感謝を手紙に書きました。

親愛なるリタとマイク

私の子どもたちの一人に、家庭が――彼女を愛し、彼女の世話をしてくれる父と母が――必要だ。

私はあなたがたが、どれだけ子どもを欲しがっていたか知っている。あなたがたが経験した涙と苦悩を知っている。だが、私があなたがたの家のなかに、この子の居場所をつくる唯一の道は、あなたがたの不妊によって開かれたドアを通ることだったのだ。

私はこの子を、しばらく世話をしてもらうためにあなたがたに預ける。知っている限りの最善を尽くしなさい。彼女は私にとって、かけがえのない大切なものだから。

いつか、あなたがたがいなくなったときに、私が彼女の父となり母となるだろう。彼女はあなたがたにしたように、私を信じて頼りにすることを学ぶだろう。

私の娘を喜んで愛し、この地上で彼女に家庭を与えてくれることに感謝する。

愛をこめて

父なる神

フィッシャーとワトキンスは、四歳の子どもが、二組の両親についての気持ちを、どのように表現したか描写しています。その子が友だちに言ったことには、「僕は養子縁組をこんなふうに考えているんだ。誰かに赤ちゃんができたけど、育てられない。それで『ワーワーワー、さよなら、赤ちゃん』になる。それで、お腹に赤ちゃんができない誰かが、『よかった、よかった……こんにちは、赤ちゃん』なのさ」。

敢えてお願いしますが、子どもが産みの親と養い親の、両方への感情を表現する方法を見つけるのを、手伝ってあげてください。多分子どもは絵が描けたり、詩をつくれたりするでしょう。あるいは養子縁組のお芝居を書いて、それをあなたがたに演じてみせることもできるでしょう。もし子どもが、産みの両親の写真を入手できるなら、写真を二枚入れられる――片方に養親家族の写真を、もう片方に産みの家族の写真が入る――写真立てを買ってあげることを検討してください。子どもが、このような企画の何か一つをやるように励まして、子どもがそれをあなたと共有したいときには、特別な時

7　あなたに、私の産みの家族についての、会話の口火を切って欲しいのです。

間を設けてあげてください。

オープン・アダプション（情報開示型養子縁組）では、養親は産みの両親を快く招いて、この子育ての役割を分かち合うので、子どもへの支援と愛情の基盤が二倍になります。これが理想的です。オープン・アダプションの経験のある、養母のキャシー・ジャイルズはこう言っています。「子どもたちの母として、どうして『よいこと』を子どもたちの人生から、切り離しておきたいと思うでしょうか？　どうして、別の家庭で子どもが人生を送れるように無私の心で計画して、子どもを育てる権利を放棄した人たちから、子どもを『保護したい』と思うでしょうか？　私はそうはしません。誰か私たちのなかで、『ごめんなさい、人生で私を愛してくれる人たちは、もういらないです』なんて、言う人がいるでしょうか？　あるいは『愛情は、ここではもうたくさん』なんて？」

「さらに黄金の規則があるのです。もし私が養子だったら、私はどう感じるでしょうか？　私は最初のお母さんとお父さんを知りたいと思うでしょうか？　私が誰に似ているか、知りたいと思うでしょうか？　私の才能や天性や性質が、どこからきているのか知りたいと思うでしょうか？　両親がどうして私を手放したか、知りたいと思うでしょうか？　『親権』の放棄は、愛情や関心や興味の放棄ではないと、理解したいと思うでしょうか？　その通り！　もし私が養子だったら、このすべてが自分にとって、大切だったことでしょう」。

養親にできること

産みの家族のことが話題に上がったときに、子どもが感じるかもしれない恐怖心と矛盾する感情を、あなたが理解したならば、とき満ちた際、あなたはずっと効果的に、子どもの隠された思いを引き出せるでしょう。産みの家族についての会話は、歓びとお祝いのときか、あるいはストレスを受けたり、傷つきやすくなっているときにはじめるべきでしょう。

肯定的な気分で口火を切るタイミングには、以下のようなものが考えられます。

・子どもの誕生日。「あなたの産みのママかパパが、あなたのことを考えているかなぁ、って思うわ」
・母の日や父の日。「あなたの産みのママやパパが、今日は何してるかなぁ、って思うわ」
・晩のお祈りの際。「生まれた家族のことも、お祈りに入れましょうね」
・子どもが何かを達成したとき。「あなたの産みの両親も、私たちみたいに、あなたを誇りに思うでしょうね」
・身体的な容貌。「あなたの産みのお母さんも、あなたみたいにカールがある髪だったのかなぁ」
・自然に、産みの家族への感謝の気持ちが湧いたとき。「産みの両親が、あなたを私たちに託してくれて、すごく嬉しいわ」

傷つきやすくなっているときの、産みの家族についての会話の口火の切り方は以下のものがあるで

7　あなたに、私の産みの家族についての、会話の口火を切って欲しいのです。

しょう。

・健康診断。「生まれたときの記録が、全部わからないのはつらいことよね」

・大学がはじまるとき。「養子縁組のことがあるから、さよならを言うのは、人一倍難しいのよね」

・問題行動のエピソードのあとで。「最近、産みの家族のことを、考えたことがあるの?」

・学校での家系図の宿題。(養子の家系図はとても複雑で、普通の規格にはあてはまらないので)子どもに、このように言ったらどうでしょう。「あなたが許可して賛成してくれるなら、私が先生に話して、産みの家族と養親の家族両方を入れた、特別な家系図をつくっていいかどうか訊いてみるわね」

・養子だということで、仲間にからかわれたあとで。「養子縁組のせいで、仲間外れにされてつらいのはわかるわ。でも、私たちも産みの家族も、あなたを愛しているということを憶えていてね」

子どもが、あなたに、産みの家族についての会話をはじめる主導権を取って欲しい理由の一つは、子どもは、話の詳細がたとえどんなに苦痛に満ちたものであっても、自分の受胎、誕生、家族の歴史の真実を知る必要があるということです。次章では、真実のすべてを癒しの方法で分かち合うという大変な仕事のために、あなたの準備を整えるお手伝いをします。

8

私は、私の受胎と誕生、そして家族の歴史の真実を知る必要があるのです。その詳細が、どんなに苦痛に満ちたものであっても。

『喪失と発見：養子縁組の経験』の著者であるベティ・ジーン・リフトン博士は、養子が、血縁の家族をもっと知りたいという切望を段々自覚するようになるようすを、「覚醒」と描写しています。「養子縁組という行為は、私たちに呪文をかけて、意識を麻痺させます。目が覚めると、自分が人生を眠ったまま、根無し草のように漂って過ごしていたと気づいて、びっくりします。……養子は自分を産んでくれた人が誰かを知らないということが、意味なく人生を生きることだとわかると、目が覚めます。好奇心は、解放されるのを待って、ずっとそこに存在していたのです」。

養子には、覚醒はいろいろなときに起こります。ときには子ども時代にある程度の覚醒が起こり、段々成長するに従って、覚醒の度合いが大きくなります。私の最大の覚醒は、中年になって起こりました。私が、大学の作文のクラスに登録して、二〜三の事実を取り出して、歴史的データと組み合わせて物語をつくるように言われたときです。私は自分の産みの家族について、二〜三の項目しか知らなかったので、それをテーマに選びました。

図書館に何時間も座って、仕切りのある机に頭を埋めたまま、一九四〇年代の産院について書いてある、ボロボロのかび臭い本を読みふけりました。私は、望まない妊娠をした女性に対して、社会が酷《ひど》い恥辱の烙印を押したことを学びました。また、夫が戦争に駆り出されている既婚女性の脆《もろ》さについても学びました。暗い考えと感情が私のなかに渦巻き、一度も会ったことのない生母を思って、心の中で泣きました。

多くの養子は、産みの家族を見つけることでまず頭がいっぱいになり、やがて実際に探しはじめるのです。私は、脇目もふらずに、さらなる情報を探すようになりました。高齢の看護師たちに聴取して、出産の際の手順を知りました。「私の出産は、お母さんにとってどんな感じだったのだろう？……そして私自身にとっては？」「お母さんのために、そこに誰かいたのだろうか？」「お母さんは、私を見たり、抱いたりできたのだろうか？」

私ははじめて、子どもを手放さなければならず、空っぽの腕で病院を出て、何もなかったかのように人生を生き続けなければならない、耐えがたいほどの痛みを思いました。私は産みの母に、「あなたは私のために、正しいことをしたのです」と、心から言ってあげたくなりました。生母に、「私は大丈夫だから」と、知らせたいと望みました。

少しずつ、私の産みの家族が、心の中で現実味を帯びてきました。やっと私は、これまでの人生で、ずっと探してきたものが何かがわかったのです。それは、私の〝本当の〟人生——養子になる前の〝本当の私〟との繋《つな》がり、そして過去についての真実のすべてを知ることで、私が現在の人生を、もっと正直に、余すところなく生きられるようになることです。

故郷への再訪

養親として、あなたは不思議に思われるでしょうね。「私たちの養子にとって、自分の出自を知ることが、どうしてそんなに大切なのかしら？」「それが何の足しになるの？」「どうして子どもに、そんな苦労をさせるの？」

作家のカーライル・マーニーは、『家族の結束』で、私たち一人ひとりの後ろには、少なくとも八万世代の祖先がいて、自分たちの出自を祝福できないうちは、自分自身も他者も祝福することができないと、提起したことがあります。マーニーは自分の出自を祝福する過程を、「故郷への再訪」と名付けています。

故郷を再訪するのは、養子にとっては簡単なことではありません。しばしば出自が、秘密に隠されているからです。自分の受胎についての秘密、出産についての秘密、家族の歴史についての秘密。こういうことを知らなくて、どうやって自分の出自を祝福できるでしょうか？

ウエブスターの辞書は〝祝福する〟の意味をこう定義しています。

・どんなものでも、よいものを授ける

8　私は、私の受胎と誕生、そして家族の歴史の真実を知る必要があるのです。その詳細が、どんなに苦痛に満ちたものであっても。

・賞賛する、美化する
・好意的である
・支持する
・微笑《ほほえ》みかける
・許す

あなたの子どもに対して、こういう言葉をあてはめてみてください。一つひとつが、あなたが子どもに、そうあって欲しいと願っていらっしゃることですよね。あなたは、子どもが自分自身に微笑むことができるように……自分自身に好意的で……そして究極的には、つらい人生のはじまりを与えたかもしれない人々を、許せるようになって欲しいと願っています。言い換えると、あなたは子どもに、過去の成育歴にかかわらず、健全な自尊心を植えつけたいのです。

ここには「真実を知ることで、真実はあなたを自由にするだろう」という諺が、あてはまります。私は、この諺と古い布絞り機から絞り出されたぼろ人形の写真が印刷されたポスターを思いだして、真実はしばしばつらいものだと肝に銘じています。

例えば、キャシーは、自分がレイプで受胎したと知ったとき、その言葉の響きで心が沈みました。彼女は、セラピストであるランドルフ・セヴァーソン博士が、『彼への知られざる祝福』で描写している、「下劣で恐ろしい性暴力という行為で、命を授かってこの世に生まれた子ども」の一人なのです。キャシーは、最悪の空想のなかでさえ、こんな可能性があるとは想像していませんでした。それでも、これが彼女の真実で、そしてこれが、彼女をもっと大きな真実へと導きました。それは、生母の受けた恐ろしい暴力からでさえ、何がしかのよいことが現れた、ということです。よいこととは彼女自身でした。このことはまた、彼女が産みの母についてと、母親が彼女に命を与えるためにどのような苦労をしたかを知る助けとなりました。

養子に話すのが難しい、たくさんの真実があるでしょう。生母は麻薬中毒だったかもしれません。産みの家族に、精神病歴やネグレクトや性的虐待があったかもしれません。

MSW（社会福祉学修士）でCCSW（認定臨床社会福祉士）であり、七人の養子の母であるジェニン・ジョーンズは、『宝石の中の宝石：養子縁組ニュース』に寄せた論説で、こう言っています。「ええ、子どもがすべての情報を知りたがり、あなたは、子どもが読んだら傷つくのではないかと心配する、これは楽しいときではありませんね。でもこれは、正直に共感を持って二人の関係を築くときなのです」。

あなたの子どもが、適切な年齢に、過去のつらい真実を聞くのはとても有益です。なぜなら、あなたが正直に、心を開いて真実を話していることがわかるからです。子どもというものは、不正直を見抜く天才です。情報をあなたが提供することは、子どもが過去の真実について学ぶということより、子どもとあなたとの関係と、子どもの自分自身との関係に、もっと有効な役割を果たします。子どもはより深いレベルで、あなたを信頼することを学び、そして自尊心も発達させます。子どもは、自分の過去について、最も醜悪で苦痛に満ちた情報を、あなたから提供されるのですが、それでも同時に、あなたは、ありのままの子ども自身を愛していることを示しているのです。

8　私は、私の受胎と誕生、そして家族の歴史の真実を知る必要があるのです。その詳細が、どんなに苦痛に満ちたものであっても。

この信頼と愛情の関係が深まるにつれ、子どもは、もっと多くの事実や、産みの家族のメンバーを探す選択肢について、どうしたいかを自分で決めることができるようになります。子どもが実際に探索をはじめようが、はじめまいが、あなたがた二人の人間関係はものすごく成長していきます。

子どもが産みの家族を探していると、どうやって知ることができるのか

「養子が故郷を再訪する必要性と、その大変さも合わせてわかってきたわ」、とあなたはお考えかもしれませんね。「子どもが故郷を再訪したがっているかどうか、私にわかるような子どもの行動がありますか?」

はい、あなたの子どもが、内心でそちらの方向に向かっているのを、知る手がかりとなる行動があります。ここまでなさったように、心をこめて聴くことを学んでください。ブロジンスキー博士とシェクター博士の『養子になって：一生の自分探し』にある名言を、心に留めてください。両博士は、養子の子どもたちを扱った、合わせて三〇年にわたる経験があります。養子のうちの何パーセントが産みの親を探すかを尋ねたときの、二人の答えは、一〇〇パーセントでした。「私たちの経験では、すべての養子が探索に関わるのです。文字通りの探索ではないかもしれませんが、それでも意味深い探索です」。

ときには、養子の故郷再訪の欲求は、微妙だったり、別の仮面をつけていたりします。以下は、養子が、言葉にならないニーズを表現するやりかたです。

子どもの場合

・おとぎ話や物語を話すことで、空想のなかで探索がはじまる

・三歳くらいの早い時期で、遊びを通して出てくる（特に喪失と救出のテーマに注目すること――いなくなった動物や、迷子の話等）

・あなたが、子どもが養子になった話をしたあとで、子どもがこう訊く。「どうして、そうなったの？」

・子どもは自分の産みの両親が、今どこにいるのか疑問に思うかもしれない。「パパとママはどこにいるの？」「ママはいつか私に会いにきてくれるの？」

大人の場合

・「犬を獣医に連れていけば、犬種を知ることはできるけど、僕は自分の遺伝が何かも知ることができないんだ」

・「私をこの世に送り出してくれたことで、私がどれだけお母さん（生母）を愛しているかを、伝えられたらどんなにいいだろう？」

・「産みの父に会ったことで、自分が誰かを認証できた」

・「お母さん（生母）に今では会えたから、自分がどう生きるかわかるの」

・「産みの家族を知ることは、自分を知るための参考になる」

8　私は、私の受胎と誕生、そして家族の歴史の真実を知る必要があるのです。その詳細が、どんなに苦痛に満ちたものであっても。

真実はおそらく、養子にとってつらいものでしょうが、それでも私たちのほとんどは、すべてを知りたいのです。私たちは、肉体的な、情緒的な、精神的な、それぞれの見地で、真実を欲しているのです。

養親にできること

できる限り小さいうちに、産みの家族の情報を知らせてください。〝産みの母〟と〝産みの父〟という言葉が、子どもが成長してから押し付けられた、馴染《なじ》みのない用語であってはならないのです。そうではなくて、子どもの出生歴を、幼稚園児にも理解できる用語で話しはじめてください。「あなたを産んだママが、あなたをかわいがるようにと私たちに託してくれて、とても嬉しいわ」「あなたにそのきれいな笑顔をくれたのは、あなたを産んだママだと思うわ」。

一九歳の妊婦のヴィッキーは、彼女の産みの母のことを養母が不安に感じていたことを憶えています。ヴィッキーの結婚前夜に、養母は神経質なようすで、生母の名前と産みの家族の履歴について知っていたいくつかのことを打ち明けました。「それは気まずくて、場違いな感じだっただけでなくて、私は裏切られたような気持ちにさせられたわ」と、ヴィッキーは言いました。「母は、なぜもっと早く言ってくれなかったのかしら。どうして母は、私の幸福にとって、とても重要なことを差し控えていたのかしら。恥の感情も出てきたの。母があんなに神経質になるなんて、私の過去や私自身に、何か恐ろしいことがあったのかしら」。

ヴィッキーが、生母がレイプされていたことを知ったのは、かなりの年数が経ってからでした。彼女は、養母がそのことを知っていたと確信しています。なぜなら、彼女の祖母がソーシャルワーカーで、ヴィッキーの私的養子縁組を取り持ったのですから。

「もし母が、この情報をもっと早く教えてくれていたら、私は必ずきちんと対処できたでしょう」と、ヴィッキーは言いました。「ええ、それはつらかったでしょうよ。ええ、自分の誕生の歴史について、もっと疑問が湧いてきたでしょう。でも、もし打ち明けてくれていたら、私は、養母をもっと信頼して、愛することができるように、力づけられたことでしょう」。

ヴィッキーは、打ち明けてもらえなかった被害に気がついています。「四三歳まで、自分が受胎したときのつらい詳細を聞かされていなかったから、自分がどういう人間かということと、生母の受胎の事情を分けて考えられるまでに、長い時間と労力がかかったの。事情がわかって何年もの間、『私はレイプで受胎した』と言ってたわ。この言葉を言うときは、いつも私の魂が恥と悲しみで溢れたわ。あるときに、私は産みのお母さんの苦痛と恥を抱えて歩いていたと気がついたの。それからは単純に、『生母はレイプされました』と言うようになったら、私の絶え間ない恥の感情がなくなって、生母をもっと愛せるようになったの」。

子どもの誕生の歴史をその都度話し合うことは、子どもにとって、なんてよい贈り物でしょう。あなたは、子どもが自分という人間と、自分が受胎したときの苦痛に満ちた事情とを、分離するという複雑な仕事をするのを、支援することができるでしょう。

私は、あなたの四歳の子どもを座らせて、子どもの受胎と誕生の、否定的な状況を話せと言ってい

8　私は、私の受胎と誕生、そして家族の歴史の真実を知る必要があるのです。その詳細が、どんなに苦痛に満ちたものであっても。

るのではありません。そうではなくて、機会があるごとに、子どもの質問に正直に答えることを、提唱しているのです。

子どもに主導権をお与えなさい。そうすれば、子どもが質問をはじめますから、あなたはいつが適切なときかわかるでしょう。生母についての質問は、早ければ三歳頃に出てきます。学齢期前の子どもには、養子縁組は素晴らしいものに思えるかもしれませんが、学齢期に達すると、子どもは、選ばれたということは、最初に誰かに拒否されたのだということをわかりはじめます。「どうして僕を産んだお母さんは、僕を欲しがらなかったの？　お母さんは今どこにいるの？　ママはお母さんに会ったことある？　ママは、お母さんが今僕を知ったら、僕を好きになると思う？」

私は「拒否」という言葉を口にするとき、身がすくみます。なぜなら、それは産みの母と、彼女が子どもを手放した決断に、好ましくない影を落とすからです。それは私の意図するところではありません。しかしながら、手放されたということが、たとえどれだけ生母が子どもを愛していたとしても、養子には『拒否』と受けとれるということを、わかることが大切なのです。これが養子の感情の上での現実で、おそらく子どもの疑問が湧き起こる起点なのです。

子どもが好奇心を持つより前に、子どもの質問にどうやって答えるかについて、可能性のある台本を考えておきましょう。そのときがきたとき、あなたの自信と静けさが、質問しても自分の気持ちを表現してもＯＫであると、子どもに知らせることに寄与します。

あなたは子どもの質問の答えを、特に国際養子縁組の場合には、すべてお持ちではないでしょう。それでも、子どもは、世の中には、常に答えがわからないことがあるということを知って、自分の出自について、落ち着いた安心感を得るでしょう。

子どもが、言葉にしたり、言葉にしなかったりするメッセージに、耳を傾けることを学んでください。そうすることで、あなたは情報のどの部分が、子どもの気持ちを動転させるかのヒントを得ることができるでしょう。「からかっているんでしょう?」「あり得ないよ」「それは酷《ひど》い」「もう聞きたくない」。こういう言葉は、子どもがこのときに、消化できる限りの情報を得たことの指標です。言葉にしていないメッセージは何でしょう? それが言葉以前の、最初の意思伝達の方法だということを、憶えておいてください。子どもは信じられないといったようすで、両手を上にあげましたか? 遠くを見るような目をしたり、眼を泳がせたあとで一点を凝視していますか? 固唾を飲みましたか? 身体を固くしていますか? もしそうなら、よく注意してください。子どもが凝視しているなら、恐怖に凍りついているのでしょう。固唾を飲んでいるなら、荷が重すぎるのでしょう。身体を固くしているなら、もうこれ以上我慢できないと伝えているのかもしれません。

養子縁組は、終生の旅だということを憶えておいてください。自分の出生と産みの家族についての質問は、成長段階ごとに浮上してくるでしょう。人生の変わり目――高校に進学するとき、大学に入って家を離れるとき、結婚して自分の子どもを持つとき、中年期、高齢期――は、しばしば出生歴の問題が再浮上する前触れとなります。しかしながら、あなたがすでに知らせている情報は、子どもの重荷になるのではなく、むしろ養子にもらわれるとはどんな意味があるかについて、より深い学びを得る背景を子どもに与えるのです。そして、最終的には成長が見られるのです。

あなたは、出生歴を学ぶことで「故郷を再訪する」のが、ほとんどの養子にとって簡単な仕事では

8　私は、私の受胎と誕生、そして家族の歴史の真実を知る必要があるのです。その詳細が、どんなに苦痛に満ちたものであっても。

ないということに、おそらく賛同なさるでしょう。なかには、養子縁組の物語以上のことを知りたくないという養子もいます。ですが、もしあなたの子どもが、故郷を再訪して、自分の過去についてできるだけ学びたいというニーズを表したら、その詳細がどんなに苦痛でも、子どもの直感を信じてあげてください。その結果としておそらく、子どもは遂に許しと自分自身への好意を持って、過去を振りかえることができるようになるでしょう。

子どもの成育歴のすべての事実について話すと、子どもの心の中に、たくさんの懸念が出てくるでしょう。その一つは「自分は悪い赤ちゃんだったのか?」です。次章では、特にその問題を扱い、あなたが、子どものなかにある恥に根差した思い込みを察知できるような準備をしていきます。

9

私が悪い赤ちゃんだったから、産みのお母さんが私を他人にあげてしまったのではないかと怖れています。あなたに、この毒のような恥の感情を捨てる手伝いをして欲しいのです。

「ママ、僕は悪い赤ちゃんだったの?」養親が養子縁組について話したあと、幼いステファンが訊きました。

「僕に何か、いけないところがあったの?……だから、お父さんとお母さんは僕を欲しがらなかったの?……僕は悪い赤ちゃんだったの?」

養親は、ステファンの射るような質問にとても驚き、落ち着きを取り戻して、「他所にあげられたこと」は彼には関係がないことを、息子にもう一度しっかり保証しました。養親が、彼が生まれたとき生母はたった一三歳で、親になる準備ができていなかったと説明しても、なお、ステファンは黙って、自分に何か悪いところがあったのかと、訝《いぶか》っていました。

ティーンエイジャーになって彼は、生母が彼のせいで経験したことを空想して、罪と恥の意識でいっぱいになりました。彼が言うには、「お母さんはレイプされたに違いない。僕は、だから何か恐ろしい出来事の結果なんだ。その出来事は、若い女の子の人生をめちゃめちゃにしただろう。僕の苦痛が、若いお母さんに激しい苦痛を引き起こしたとしたら、僕には幸せになる資格がない」。

彼は後に先天性心臓疾患と診断されると、自分について信じていたことが、結局は本当だったと納得しました。彼は不完全で、「間違い」だったのだ、と。

ステファンが苦しんでいたのは、羞恥です。有毒な恥の感情です。恥が魂の奥深くで叫んでいるのです。「おまえに、悪いところがあるんだよ！」と。

養子の多くは、恥の感情に苦しみます。支援の介入がないと、養子は自動的に、養子縁組の理由は自分たちが悪い赤ちゃんや子どもだったからだと、信じ込むのです。

「うちの子どもが、黙って恥の感情に、苦しんでいないといいけれど」と、あなたがおっしゃるのが聞こえてきます。「もしそうだったら、子どもがそれを解消できるように、私はどうやってあげたらいいの？」

その任務を達成するために、恥とは何か、どこではじまったのか、養子の信念にどう影響するのか、養子はどうやってその感情を処理するのか、その感情について何ができるのかを、しっかり理解することが大切です。

有毒な恥とは何か？

辞書は恥を次のように定義しています。

・何か卑劣で、不適当で、ばかげたことという意識から起こる、苦痛に満ちた感情
・不名誉
・屈辱
・一人だけ選り出されて、叱責を受ける無念さ
・衆目にさらされて、卑しめられた無念さ
・身分の格下げ

もしあなたの子どもが、赤ちゃんのときに、養子縁組するために手放されたのなら、子どもの人生最初の経験は、あらゆる安全で馴染《なじ》みのあるもの——産みの母の存在——から、引き離されたということなのです。赤ちゃんは、もちろん、離別の背景にある複雑な理由を、理解することはできません。ですから、その体験を「原初の遺棄（生まれて最初の遺棄）」と解釈するのです。心の奥底で、この子どもの認識上の、または実際起こった、「拒否」は、恥の感情を生み出すのです。

もしあなたの子どもが、もう少し大きくなってから、産みの家族から引き離された場合には、子どもは平静を装って、なんでも大丈夫というようにふるまうかもしれません。子どもの「大丈夫」というふるまいは、失敗したという深い感覚を、隠そうとするたくらみかもしれないのです。「この人たちが、私をママから引き離したのは、私が悪かったからだ。もっとよい子じゃないといけなかった」。悲しいかな、両親からの身体的な、または性的な虐待の犠牲となっていて、明らかに保護のために引

9　私が悪い赤ちゃんだったから、産みのお母さんが私を他人にあげてしまったのではないかと怖れています。あなたに、この毒のような恥の感情を捨てる手伝いをして欲しいのです。

き離された子どもでさえ、本当にこのように信じ込むのです。

この深く根差した拒否への怖れから、多くの養子は、人を喜ばせるか反抗するかで、この恐怖心を制御しようとします。「もし私がすべてちゃんとやれば、この人たちは私を愛して、手元に置いてくれるだろう。もし私の方から、この人たちに承認してもらうことを拒否してしまえば、この人たちが私を手放しても、私を傷つけることはできないだろう」。

あなたの養子はどうですか？　子どもが過剰に従順だったり、あなたを喜ばせるのに熱心すぎるということに、気づいていますか？　あるいは、自分は拒絶されるのがふさわしいと信じていて、あなたがたから拒絶されるような、問題行動を起こす方ですか？　おそらく両方組み合わさっていることでしょう。「外面は従順なのに、内面には反抗心をみなぎらせている」人のように。

あなたの子どもが従順だったり、反抗的だったり、あるいはその両方を、行ったり来たりするようだったら、その子は唯一知っているやりかたで、あなたに何を伝えようとしているか考えてみてください。

・「肩の荷が重すぎる」
・「恐怖のコップが溢れそう」
・「拒否される恐怖を、コントロールしようとしているの」
・「どれだけ犠牲を払っても、もうこれ以上、傷つかないようにしないといけない」
・「私に悪いところがあるのを、あなたが見つけるのは、時間の問題だと確信してる」

・「私にはずっと、悪いところがあったんじゃないかと思うの」

言い変えると、あなたの子どものふるまいを動機づけている考えは、羞恥に根差しているのかもしれません。あなたが、子どもの間違った羞恥心を暴露して、それを真実と入れ替えない限り、その子は酷《ひど》い精神的苦痛に苛まれ、恐怖に生き、家族のなかに常に大混乱を起こすでしょう。もちろん、養子の全部が、これほど強い羞恥心を経験するわけではないのですが、もしあなたの子どもが、標準より従順だったり、反抗的だったりしたら、何が子どもを突き動かしているのかを知りたくなるでしょう。

有毒な羞恥心を暴露する

私が話をした多くの大人の養子たちは、子どもの頃に、心の中でこう思っていたことを、今認識しています。「私が悪い赤ちゃんだったから、産んでくれたお母さんが手放したんだ。だから、よい子になるために、できることはどんなことだってやらなければ。やらなかったら、養親も、私を捨てるだろうから」。

彼らの思い込みは、次のような「ご機嫌取り」の行動に表れていました。

・「私は、誰にも私にがっかりして欲しくなかった。模範的な子どもでいるために、いくらで

9　私が悪い赤ちゃんだったから、産みのお母さんが私を他人にあげてしまったのではないかと怖れています。あなたに、この毒のような恥の感情を捨てる手伝いをして欲しいのです。

も、時間をかけて努力した」

- 「誰かが親切にしてくれると、お返しをしないといけないと、自分に強要した」
- 「引っ込み思案だった」
- 「他の人たちの感情に、異常に敏感だった」
- 「悪い子とか、わがままな子だと、見られるのが怖かった」
- 「完璧であろうとした」
- 「他の人たちに、いじめられるままになっていた」
- 「他の人たちが、私に何を期待しているかを必ず見つけ出して、自分の行動をそれに合わせた。『ジャンプ（跳べ）』と言われれば、『どのくらい高く？』と私は訊いた」
- 「常に自分を責めていた」

養子の行動の従順な面は、親にとって見分けるのが難しいものです。というのは、実際には内面に情緒的混乱があったとしても、外見はすべてうまくいっているように見えるからです。前章で述べたように、あなたは子どもの「強み」が、健全さからきているのか、心の傷からきているのかを、見分けなければなりません。

対照的に、自分たちの反抗行為を振りかえって、大人の養子たちは、「産みのお母さんは、私が悪い赤ちゃんだったから、手放したんだ。だから本当の自分らしく、悪者（敗者）としてふるまわないといけない」という理屈をつけていたと言っています。

こういう信条を示唆する行動には、次のようなものがあります。

・盗み
・家出をしたいと思ったり、実際に家出をしたりする
・激怒
・放火
・養親を身体的に攻撃する
・乱交
・未婚の妊娠
・他者を拒否する（「はじめに拒否される側になりたくないので」）
・他者を傷つける（「あなたが私を傷つける前に、私の方からあなたを傷つけよう」）
・強がる（「人生が、私に投げかけるどんなことでも、受けとめられる」）
・摂食障害
・自殺

あなたの子どもが、従順さと反抗の両方をやってみせるなら、彼女は学校では人気者で、仲間にプロム（卒業記念の大パーティ）の女王に投票してもらいながら、家に帰ってきて、どんな親でも怖れているようなことを言うかもしれません。「ママ、パパ……私、妊娠しちゃった」。あるいは他人には愛嬌が

9　私が悪い赤ちゃんだったから、産みのお母さんが私を他人にあげてしまったのではないかと怖れています。あなたに、この毒のような恥の感情を捨てる手伝いをして欲しいのです。

あってチャーミングでも、家では、とても一緒には住めないような子どもかもしれません。

養親にできること

子どもの有毒な羞恥について学ぶと、肩の荷が重すぎて、とても克服できないと感じられるかもしれませんが、そんなことはないのです。子どもが自分自身について間違って信じ込んでいることを、白日の下に引っぱり出して、本来そういうものがあるべき場所――子どもの尊い魂から、遠く遠く離れたゴミ箱――に、有毒な羞恥を捨てるのを助けるのに、あなたにできることがここにいくつかあります。

子どもに羞恥に満ちた思考を感知する方法を教えること

子どもが幼い場合は、子どもに代わって、子どもの有毒な恥の告白にあなたが挑戦するのです。

「私は悪い赤ちゃんなの、ママ？　だからあの人たちは、私をママにくれちゃったの？」

「違うわ、かわいい子。あの人たちがあなたをくれたのは、あの人たちが親になれなかったからなの。まだわかるのは難しいよね？」

子どもが成長するにつれ、あなたが、有毒な恥の感情の徴候をわかるだけでは十分ではなく、子どもにどうやって、その気持ちを見つけるかを教えなければならないのです。ですから、羞恥に満ちた考えを耳にしたら、それに挑戦してください。

「ママ、僕はどうせ駄目《だめ》なんだ」。
「あなた自身をそういうように見るのは、恥の感情があるからよ。どう？　恥とは何か憶えてる？　自分が人として、何か欠陥があると信じていることよ。そういう考えには、あなたが自分で立ち向かわないといけないの。そういうような考えが頭に浮かんだときには、こう言ってごらんなさい。『この考えは本当じゃない。僕は、素晴らしい人間だ』って」。

歓迎の手紙を書くこと

あなたの子どもの、有毒な恥の感情を癒す手助けの、もう一つの方法は、その子どもがこの世に生まれたことと、あなたの家庭にきたことを、『歓迎する』と断言する手紙を書くことです。子どもは何度も繰り返して言ってもらう必要があります。「あなたを歓迎します。私たちはあなたが生まれた日にそこにはいなかったけれど、私たちの心は、『この世界へようこそ、おチビさん』と言っていたのよ。私たちはあなたが生まれるずっと前から、あなたを私たちの子どもに欲しかったの。あなたは私たちへの贈り物なの」。

あなたはこの手紙を、子どもの人生の本の最初の記事として、子どもに誕生や養子縁組の物語が語られるときにはいつでも、この世での、特にあなたの家族のなかでの、子どもの居場所を思いださせてあげることができるでしょう。

9　私が悪い赤ちゃんだったから、産みのお母さんが私を他人にあげてしまったのではないかと怖れています。あなたに、この毒のような恥の感情を捨てる手伝いをして欲しいのです。

子どもの価値を宣言すること

あるとき、私はカウンセリングの過程の半ばで、その日のセッションが終わって歩いて出るときに、カウンセラーが私の肩に腕をまわして、こう言ったのを憶えています。「あなたって本当に素晴らしい人よね」。彼女の宣言は私を驚かせました。私は未だかつて、こんな特別な言葉が、直接自分にあてはめられたのを聞いたことがなかったのです。

あなたの子どもは、あなたが彼の価値をはっきり宣言するのを、聞く必要があるのです。「あなたって、とっても凄い子だわ」「あなたは素晴らしい」。

もしあなたが信仰を持つ人なら、子どもは神の創造物で、神のお創りになるものに間違いはないと教えたいでしょう。「神様があなたをお創りになって、ありのままのあなたを、愛してくださっているのよ、私たちも同じなの」。

自分自身を笑うこと

著名な作家で、講演者でもあるジョーン・ブラッドショーが、著書『帰郷』で、こう言っています。「有毒な羞恥は、私たちに、人間以上の存在（完璧）か人間以下の存在（ろくでなし）であることを強いるのだ。健全な恥は、間違いを犯すのを許してくれる。これは人間には不可欠なことだ」。

子どもを有毒な恥から解放するのに、養親であるあなたにできる最もよい方法は、ご自身の弱点や失敗を笑うのを学ぶことです。子どもは、自分自身が『間違いだ』と信じているので、人間はそれでよいのだという、模範をあなたが示す必要があるのです。子どもに人間味をお見せなさい。あなたの失敗談をお話しなさい。人は生きているというだけで、拒否されるには値しないのだと、子どもにわからせてください。子どもに、許し、許され、自分自身を許すことの歓びを、教えてあげてください。あなたがそれと察する前に、子どもはあなたを真似《まね》るでしょう。

これらが、あなたの子どもが、有毒な恥の感覚を捨てるのを助けるのに、あなたにできるいくつかのことです。自分の恥を解消できなければ、子どもは決して安心できず、自分がこの世に求められていると感じることはないでしょう——本当はそう感じるべきなのに——。結果として、捨てられることへの恐怖が常につきまとうことになるでしょう。そのことについて、次にお話しします。

9　私が悪い赤ちゃんだったから、産みのお母さんが私を他人にあげてしまったのではないかと怖れています。あなたに、この毒のような恥の感情を捨てる手伝いをして欲しいのです。

10

あなたが私を、捨てるのではないかと怖れています。

陽のふり注ぐフロリダで、ディズニーワールドのホーンテッド・マンション〔幽霊屋敷〕を巡《めぐ》る幽霊列車に乗っているところを想像してください。大人も子どもも、乗り物の安全バーをしっかり握りしめて、暗闇の屋敷の問を曲がりくねって進んでいきます。手のこんだ衣装をまとった幽霊たちが、バッハの曲〔原文のママ〕に合わせて整然とワルツを踊っていると、恐怖の叫びが沈黙を破ります。

乗っている時間の半ば頃に、あなたの幽霊列車の前方で、一人の子どもが泣きだすのが聞こえます。その子の泣き声は、漆黒の闇とあなたの心に突き刺さります。乗車が終わると、あなたはその子の家族の会話に耳を澄まさずにはいられません。

「ジョニー、何がそんなに怖かったの?」と、母親がやさしく訊きます。「怖がってもいいのよ。ただね、私がここに一緒にいるから、あなたは安全だということを憶えていてね」。

こういう言葉を、聞きたがらない子どもがいるでしょうか? 人生の旅路を通して、この真実を知りたがらない子どもがいるでしょうか？　養子には、「私がここにいるからね。……あなたは安全よ。……私はあなたから離れないからね」という言葉は、何にも増して重要なのです。おわかりでしょうか？　養子にとって最も根深い問題の一つが、あなたがた、つまり両親に捨てられてしまうのではないかという恐怖感なのです。

「私に捨てられるですって?!」と、あなたはこうお考えでしょうね。「そんなことは絶対にしないわ。子どもをすごく愛しているもの！」

私の知っている大人になった養子たちのほとんどは、それでも、捨てられる恐怖心と、人生を通してずっと格闘しているのです。

「僕は、憶えている限り、ずっと捨てられる怖れの問題を抱えていました」と、ある男性が言いました。「拒否される恐怖が、いつもあるのです」。

別の一人は、こう言いました。「産みの家族を見つけたら、拒否される恐怖感が止むと思ったのですが、そうはなりませんでした」。

「その恐怖はどこからくるの？　そして、どのように表現されるの？」あなたの質問が、聞こえてくるようです。「そして、子どもが捨てられる恐怖の海を航海して、やがて健全な心で向こう岸に着けるように、親として私たちに何ができるの？」

あなたの子どもの幽霊屋敷に入ること

辞書は恐怖を、「差し迫った痛み、危険、邪悪や、そのような幻想で引き起こされる苦しい感情」と定義しています。大人の養子たちが、子ども時代に感じた捨てられる恐怖を、ありありと描きだす言葉に耳を傾けてください。

・道端に、置いていかれた
・野原に置き去りにされた、籠のなかの一人ぼっちの赤ちゃん
・誰もいない、私が一人きりでいる分娩室
・寒い冬の夜に、幸せな家族を窓の外から覗き込んでいる子ども
・外にいて、なかを見ている
・他の人たちが、自分の人生を歩んでいくのに、自分は取り残されている
・お母さんを求めて、泣いている赤ちゃん

恐怖と遺棄は、もつれて一緒に織り込まれていて、養子の魂と精神のなかに大きな結び目となっているのです。

正常な子ども時代にもある、私たちみんなが克服する必要のある、捨てられる恐怖感を考えてみてください。その恐怖は幻想で、真実に根差していないのです。ところが、養子にとっては、その恐怖

感によじれが加わっていて、そのために、克服するのがものすごく難しいのです。恐怖は幻想ではないのです。産みの母に捨てられた、体験に基づく現実なのです。さらに、その産みの母も現実です（だって、実在の人物ですから）、が同時に幻想でもあるのです（養子は、その母を見ることができないのですから）。この矛盾をよく考えたら、養子がこの恐怖に苦しんでも、不思議ではないでしょう？

ある養子はこう言いました。「僕には、自分のために誰かがそこにいるという、目に見える証拠が必要なんです。僕はいつでも、見ることができなかった人たち（例えば、産みの家族や引っ越していってしまった人たち）は、存在しないものと考えていました。自分が馬鹿みたいに思えるんです。こういうことを二歳のときに、知ることができればよかったのに」。

別の女性はこう言いました。「人々が行ってしまうと、私は、この人たちは永久にいなくなってしまったと思うのです」。

こういうわけで、養親としてのあなたの課題の一つは、たとえ子どもからは見えなくても、あなたは子どものためにずっとそこにいるのだと、わからせることなのです。そうするためには、子どもの気性と状況に合う、独創的なやりかたを学ぶ必要があります。

ある養母が、最近娘にこの考えを学ばせた方法を、教えてくれました。娘が寝るときに、おやすみと言ってドアを閉めたあとも、彼女は娘が眠りにつくまで短い会話を続けました。こうして子どもは、ママは見えないけどそこにいる、ということを学んだのです。

旅の相棒の必要性

恐ろしい幽霊屋敷巡《めぐ》りの乗り物に乗ったあとで、ジョニーのママが「一緒にいるからね」と安心させたとき、彼女は、小児科医のポール・ワレン博士と精神科医のフランク・ミナース博士のいう〝旅の相棒〟となっているのです。著書『夜になるとドシンとぶつかるもの』で、医師たちは基本的な子どもの恐怖を説明して、親が子どもの発達段階に応じて、どうやって恐怖感を鎮めるかを教えています。

どんな子にも、強くて、賢く、子ども時代の恐怖心に打ち勝って、成熟に向かう方法を学ぶのを手伝ってくれる誰か――旅の相棒が必要です。感情を受認すべきときと、気軽に答えるべきときを承知している誰か。共感に溢れて、子どもが目標を高く掲げるように勇気づけてくれる誰か。何があっても、子どものためにそこにいてくれる誰か。

理想的には、旅の相棒は、捨てられることに対する自分自身の問題の処理ができていて、それにより、自分自身の未解決の痛みを、自分の子どもに投影しない健全な親です。あなたが子どもに情緒的に寄り添えるのでしたら、あなたは子どもの旅の相棒になれて、子どもに、原初の恐怖という心の中の幽霊屋敷を、どうやって板で囲ってしまうかを、教えてあげることができます。

養親にできること

共感を示すこと

効果的な旅の相棒には、子どもの感情に共感する能力が必要です。共感するとは、別の人の感情、考え、または態度を知的に同一視する、もしくは自分のことのように感じるという意味です。

さあ、共感するために想像力を使いましょう。その機会がきたらいつでも、養子にもらわれるとはどういうことなのかを、あなたが知的にも感情的にも理解しようと全力を尽くしていることを、子どもに示してください。

- 血縁の親と養い親と……二組の親がいるなんて、どんなに混乱するか想像もできないわ［共感］。私だって、まごつくと思うわ［同一視］。
- お誕生日のたびに、養子縁組と産みのお母さんを思いだして、複雑な気持ちになるでしょうね［理解］。たくさんの養子がそう感じるのよ［同情する］。
- 私たちにさよならと言うのは怖いのよね［共感］。
- 健康診断のときに、「養子だから自分の診療履歴を知りません」と、言わないといけないのは、きまりが悪いでしょうね［感情への同調］。
- ときには養子にもらわれたことがつらいのじゃない？［共感］
- あなたの産みのお母さんが、どうしてあなたを養子に出したか、聞きたいことがたくさんあるに違いないと思うわ［子どもの立場で考える］。

共感は、あなたのお子さんの、捨てられる恐怖感に入り込む鍵になります。あなたの考えを、前述の例であげたような示唆に富む言い方で、特別に言葉にするのを怖がらないでください。このような表現は、あなたとお子さんを深く結びつけてくれます。幽霊列車のなかで怖がっていた子どもが、自分の恐怖を自由に両親に話すことができたように、あなたのお子さんも、自分の恐怖心を言葉にして、慰《なぐさ》めと安心を求めてあなたのところにくるでしょう。子どもがそうしたなら、子どもの捨てられる恐怖心が何なのかがわかります。それはただ単に、自分の過去の暗闇にいる怖い幽霊でしかないのだと。

子どもを力づけること

旅の相棒に必要なもう一つの道具は、子どもが養子縁組のトラウマについて思い違いをしているのを、修正できるように手伝ってあげる能力です（この道具については、第二部一二章で詳しく話します）。目的は、「自分が努力すれば自分の人生の物語を違うものにできる」という希望に、もう一度子どもを繋《つな》いであげることで、それによって、子どもが自分は被害者だという感覚を乗り越えることができ、捨てられるなどのこれから起こるトラウマの〝いいカモ〟になるのを止められるようになることです。

一人ひとりの養子の人生は、書かれてしまった物語なのです。初期の段階でトラウマが物語に入り込んできて、おまえの物語は危険でよくない結末になるだろうと脅かして、子どもが自分の人生の物語の感覚を持つことを打ち切らせるのです。子どもは、かつてヘミングウェイが、「破壊された場所で、強くあれ」と言ったように、「自分にもできる」ということを、学ぶ必要があるのです。

あなたはお子さんに、マクシーン・ハリスが『永遠の喪失』に書いた、このメタファー（陰喩）に基づいて、人生の絵を描かせてみたくなるでしょう。

一本の樹が稲妻に打たれると
もし生き延びたなら
その樹の成長は、違ったものになる
稲妻が当たった場所に節ができるだろう
樹の片側は、より精力旺盛に育つだろう
もう一方の側よりも……
樹の形は変わるかもしれない
面白いねじれや、目をひく裂け目が
まっすぐ伸びたかもしれない部分に
代わりにできるだろう
樹は生い茂る
実を成らせる
木陰をつくる
小鳥やリスの住処になる
雷雨に遭わなければ
そこにあった筈の樹とは、同じではない

でもこの方が、もっと面白いと言う人々もいる
憶えている人さえほんのわずか
樹の形を永遠に変えた出来事を

旅の相棒としての共感のお蔭で、あなたは子どもと一緒に幽霊列車に乗って、恐ろしい遺棄の廊下を通っているところです。最終結果を頭に入れておいてください。それまでに、たくさんの予期しない曲がり角があるかもしれないので……。それでも、あなたと子どもが、乗り物の終わりに明るい日差しのなかへと出てきたときに、子どもは、隣に座っているあなたを見て、結局自分はひとりじゃなかったと気づくのです。あなたは彼とともに、道中一つひとつのねじれや曲がり角を、一緒に通過したのですから。

次章では、幽霊列車の子どものようには、あなたに話をしてくれない養子を扱います。その子は本来の姿よりも、ずっとしっかりしていて、怖がっていないように見えるでしょう。この「完璧さ」の下にあるものを検分して、彼が本当に考えたり感じたりしているかもしれないことを見てみましょう。

11

私は本当の私よりも「完全」に見えるかもしれません。私が隠している部分を明らかにするのをあなたに助けてもらう必要があります。私のアイデンティティのすべての要素を統合できるように。

賭けてもいいですが、あなたが養子縁組の書類の点線の上に養親になるという署名をしたときに、ご自分が探偵として招集されたなんて考えもしなかったことでしょう。でもそれこそが、子どもがあなたに、そうであって欲しいと望んでいることなのです。子どもは、自分のアイデンティティーの、バラバラになった部分を発見して、その一つ一つをもう一度繋《つな》げるのを、あなたにやさしく手伝って欲しいと願っているのです。

無理な注文に聞こえるでしょうが、一つずつこなしていきましょう。まず、『統合』という言葉からはじめましょう。どういう意味でしょうか？　あなたの養親としての役割に、どう関係するのでしょうか？

ウエブスターの辞書が出発点をくれています。

・合体する
・一つにまとめる
・混ぜ合わせる
・同化する
・溶け込む
・混合する
・結合する
・部分を全体に合併させる
・組み合わせるか、大きな単位をつくりだす

これらの言葉を養子縁組にあてはめるなら、『統合』とは、子どもの養子としてのアイデンティティーと、血縁のアイデンティティーの、すべての要素を合体して、子どもの内面に、『まとまった全体』を発達させるという意味です。あなたが、子どもがこの目標に向かうよう支援するには、あなたの養子のアイデンティティーが、十分に統合されていないのを理解することが不可欠です。

さて、これ以上先に進む前に、私はセラピストではないということを、憶えていてください。これから皆さんにお分けする私の見識は、いろいろな情報からこつこつ溜めたもので、あくまでも基本的なものです。にもかかわらず、私は癒されました。これが皆さん方と子どもたちに、同じような癒しをもたらすことを願って、お話しいたします。

養子のアイデンティティーの四つの面

心理学者のジョゼフ・ルフトとハリー・イングラムによれば、個人のアイデンティティーには四つの面があります。一つは、その人が知っている自分自身です。もう一つは同じように重要な面で、自分が知らない自分自身です。三番目の面は、他人が知っている自分で、四番目は、本人が他人から隠している自分の面です。

自分が知っている自分

この部分は、養子自身が知っていて、意識的に自覚している部分です。これには、髪の毛や目や肌の色、食べ物や活動の好みのような、表面的なことも含みます。また、善悪の感覚や、真実や美についての信念も入ります。これらのことは、あなたのような、その子の人生にとって重要な人々から、長年にわたって徐々に教え込まれた恵みです。

大人の養子で、国際養子縁組支持者である、スーザン・スーン＝キム・コックス女史は、「自分が知っている自分」の面を、このように表現しています。「私は四歳半で、韓国から養子としてきました。私の養親は、もう一人養子をもらってから、実子を三人もうけました。ということで、私は五人の子どもの一番上です。私たちの間の違いを、両親が問題にしていないことを、私たちははっきり理解していました。皆同じように愛されていました。このことは、いつでも私たち皆に、とてもはっき

11　私は本当の私よりも「完全」に見えるかもしれません。私が隠している部分を明らかにするのをあなたに助けてもらう必要があります。私のアイデンティティのすべての要素を統合できるように。

りわかっていたことでした」。

自分が知らない自分

これは、自分自身が知らない——無意識の部分の——養子のアイデンティティーの面です。ここには、養子が、生母の胎内で受けとった微《かす》かなメッセージや、子どもが抱いている、出産と遺棄までの感覚的な記憶、まだ認識したことも対処したこともない、計り知れない恐怖感も含まれるでしょう。

中年になるまで、自分が養子だと知らなかった養子のショックを、ちょっと想像してみてください。「父の葬儀で、私の幼馴染《なじ》みが、教父（カトリックで、子どもの洗礼の証人となり、一生その子どもの信仰上の面倒を見る男性）と友人たちの会話を耳にしたのです。兄と私は養子で、育ててくれた両親と血の繋《つな》がりがないということを話していたそうです。私は直ちに、彼女にそれは聞き違いだと言いました。私は父と母によく似ていましたから。そんなことはあり得ない、と。両親はこの秘密を墓場まで持っていき、家族のメンバー全員に、このことを絶対に私たちには言わないように、口を封じていたようでした。五〇歳で私は、自分の全人生が嘘だったと知ったのです。私は誰なのでしょう？　私はどこからきたのでしょう？　私の人生は永久に変わってしまいました」。

他人の知っている自分

養子のアイデンティティーのこの部分は、他人に知られていて、往々にして強く自信に満ちていて、制御されているように見える面です。修業中の探偵として、あなたが必ず見分けねばならないことは、子どもの強みが、真に健全なものからきているのか、隠された心の傷に由来するのか、ということです。

一七歳のジョナサンは、真の健全性を見せてくれます。彼が言うには、「養子だっていうことは、僕にとってはもう大したことじゃない。それはただ、僕の人生の一部に過ぎない」。彼はどうやって、こんな強さを身につけたのでしょう？　彼には健全な感情を持った両親がいて、彼に手ごわい質問をするように励ましたのです——僕は誰なの？　産みのお母さんはどうして僕をあげちゃったの？　どうして僕が養子にならないといけなかったの？　僕の産みの両親は誰かっていう簡単な質問をすると、どうして裁判所は、僕を子ども扱いにするの？——そして、彼の言いようのない感情と恐怖を、言葉にさせたのです。——産みのお母さんなんて大嫌い。あなたなんて大嫌い。自分なんて大嫌い。神様なんて大嫌い。みんな僕を私生児って呼ぶ……そうなの？　僕は私生児なの？　僕は二級品なの？……傷ものなの？　この家族には不釣り合いなの？　僕は本当に、この家族の一員なの？——そして、広範囲にわたる感情を喜んで受けいれて、彼はそのままで愛される存在だと承認すること。言い換えれば、彼が自分自身と平和に共存することを、両親をお手本に学ばせたのです。

メリー・ワトキンスとスーザン・フィッシャーは、『養子縁組についての幼い子どもたちとの話し合い』のなかで、自分のアイデンティティーの別々の部分を統合することを学んでいる、ある幼い子どもの、生き生きとした場面を語っています。

仲間が養子に、「君はもらわれっ子だ」とか、「ママのお腹には、いなかったんだ」というよ

11　私は本当の私よりも「完全」に見えるかもしれません。私が隠している部分を明らかにするのをあなたに助けてもらう必要があります。私のアイデンティティのすべての要素を統合できるように。

うなことを囁《ささや》きます。子どもはこともなげに答えます。「もちろん、僕は養子だよ。うん、その通り。僕はママのお腹には、いなかったんだ。僕はこの素敵な女の人のお腹にいたんだ。だけどこの人はママになるには若すぎたんだ。それで僕がこの人のお腹から出たときに、ママとパパが僕を待っていて、ママはそれからずっと幸せなんだ」。

対照的に、うずいている心の傷から行動している養子は、かなり違っているように思われます。いくつかの言葉をここに紹介します。

・「私は自分の属したいろいろなグループで、それぞれのアイデンティティーとふるまいを、自分のものにしてきました。その人たちがあるやりかたで行動したら、私もそうしたのです」

・マーシー・アクスネスは、『裏切り』という題の寄稿で、こう言いました。「本当の私のいるべき場所を奪ったのは、従順でニコニコしていて、人を傷つけず、養親が私のためにつくりあげてくれた人生に、上手に適応する身代わりの私でした」

・ティム・グリーンは『ある男と母親』で、こう言いました。「誰ひとり僕を疑ったことはなかった。僕はフットボールの選手で、不屈で手ごわく、大理石の彫像のように鍛えられていて、尊大で自信に満ち、男のなかの男だったから。僕は多分そういう人間だっただろうが、同時に僕はまだ、一冊の本の悲しい結末を読んで、泣きながら眠りにつくような少年でもあった」

養母のアリス・ミッチェム・ジェンキンスは、『養子への親の仕事』という記事のなかで、幼い子どもが、統合の欠如をどう言葉で表現するかを描いています。二人の幼い養子たちが話している場面の描写です。

「僕は養子なんだ」と、あなたの子どもが宣言します。彼と友だちは楽しく遊んでいます。あなたもいい気分です。あなたは、彼の成育の背景を肯定的に説明しようとしてきたので、明らかに彼は、養子になったことを喜んでいます。それを自慢しようともしています。ですが、そのとき彼はこう続けるのです。「僕は生まれなかったんだよ。僕は養子になったからね」。おおっと！　彼は、まったく違うふうに感じていますね。生まれなかった、ですって？　そんな考えがどこからきたのでしょう？　あなたは彼の誤解をどうすればよいでしょうか？

この対話は鋭敏な親御さんへの警鐘です。養子は、自分の誕生と養子縁組の物語を、どのように自分のアイデンティティー全体に組み込むのかを、教えてもらう必要があるのです。

他人が知らない自分

アイデンティティーの四番目の面は、養子が、他人には教えないと決めている部分です。これは個

11　私は本当の私よりも「完全」に見えるかもしれません。私が隠している部分を明らかにするのをあなたに助けてもらう必要があります。私のアイデンティティのすべての要素を統合できるように。

人的な面で、打ち明けるのは彼女の特権です。ここには彼女の成育歴のなかの否定的な恥ずかしい面も含みます――私はレイプで受胎した。私の生母は麻薬中毒だった。生母は私の成育歴を何も残してくれなかった。私が見つける前に、産みの両親は亡くなってしまった。私は、実物の出生証明書を見ることができない。私の産みの母は統合失調症で、いつか自分も同じ病気になるのが怖い――。

養親にできること

よい探偵として、あなたは子どものアイデンティティーの、未統合の部分について学びましたね。ここからは、子どもがバラバラの部分をもう一度繋《つな》ぎ合わせるのを、どうやって助けるかに集中しましょう。

無条件な支援と寛大さを示すこと

養母のキャシー・ジャイルスは、養子が欠けている部分を繋げるのを助ける方法を、こう示しています。「養子の子どもたちは、ずっと子どもでいるわけではありません。子どもたちは成長します。子どもたちの人生における『養育者』の課題はこうです。私たちは、子どもたちが健全に、全人格的に成長すると、請け合うことができるでしょうか？　それとも、秘密と防壁と占有と恐怖でハンディを負わせ、子どもたちを欠陥品にしてしまうのでしょうか？　私としては、自分の役割は前者だと見ています。私は、世話役のチーフ（ファシリテーター）であり、子どもたちのファン・クラブの社長であり、子どもたちを応援するヘッド・チアリーダーなのです」。

自己開示を促すこと

養子は、リスクを取ること——自己開示、自分の『他人の知らない』面のなかから、信頼のおける人に何がしかを開示すること——を学ぶ必要があります。なぜでしょうか？　それは、子どもは、どのように他人を信頼するか、どのように慰《なぐさ》めと希望を受けいれるか、どのように意味深い人間関係を築くかを、学ぶ必要があるからです。

養子縁組支援グループは、養子が自己開示を練習する素晴らしい環境です。養子縁組の当事者たち（養親、産みの親、養子）のために、すでにたくさんのものが揃っています。子どものときに養子になった大人のために特につくられた支援グループも、増えてきています。

無条件の愛情を与えること

養子はアイデンティティーの多くの面——人柄、生まれながらの能力、才能、性向、知性、心理構造など——を適切に備えて、あなたのもとにきたのだということを、心に留めていてください。あなたの仕事は、子どもがすでに備えているものを育てて引き出し、子どもが愛されていて、ありのままでかわいがられてよいのだと安心と実感を与えてあげることです。トーマス・マローン医師とパトリック・マローン医師は、『親密の技術』で、ひとたび統合ができた際に、あなたの愛情が養子にもたらす影響について、述べています。

11　私は本当の私よりも「完全」に見えるかもしれません。私が隠している部分を明らかにするのをあなたに助けてもらう必要があります。私のアイデンティティのすべての要素を統合できるように。

「あなたを、愛しています」とは、何かとても特別で、とても具体的な意味があります。それは、私が、「その瞬間にあなたが人間として、余さず本当のあなた自身であることを許す──おそらくは要求する」という感覚で、あなたを包むという意味です。私の愛が満ちるとき、あなたは最高にあなた自身になるのです。あなたは良い人かもしれないし、悪い人かもしれない、その両方かもしれない。やさしいかもしれない、怒っているかもしれない、その両方かもしれない。でもあなたはあなた自身です。それこそが、私が何にも増して願い、望むことなのです。そうして、私はあなたのすべての美しさと、すべての醜さを体験するのです。でもあなたは、私が期待したあなたでなく、私が欲するあなたでもなく、あなたがそうあるべきと感じているあなたでもなく、誰かに感化されたあなたでもなく、真実のあなたなのです。

今やあなたは、子どもが、自分の隠れた部分を発掘して、それらを一つに統合することを、どのように支援すればよいかがおわかりになりましたから、いよいよ今度は、子どもが過去からの混乱と、心の傷を克服する感覚を得られるために、あなたが子どもに力を与えるときです。

12

私は私自身に力があるという感覚を、獲得する必要があります。

今もうあなたは、多くの養子たちが、彼らの最も深い心の傷――彼らを産んだ人たちから、一時的にまたは永遠に引き離されたこと――について考えるときに感じる、無力感を理解されていることでしょう。あなたの子どもが、この傷から癒える手助けをするためには、子どもに、自分の力を自分のものにして、人生を健全に支配することを教え続ける必要があります。子どもの成長のこの特定な時期でのあなたの仕事は、若鳥に飛び方を教える鷲に匹敵することでしょう。

鷲たちは、巣を山の高みか木の高いところにつくります。枝木や小枝を取ってきて、巣の原形をつくり、それからヒナのために柔らかい素材を上に並べます。ヒナたちが成長すると、母鷲はかつてヒナを快適にしていた柔らかい素材を剝《は》がして捨てます。子鷲たちが文句を言うなかで、母鷲が子鷲の上で羽ばたくと、子鷲の関心が枝の痛みから、母鷲の翼が発するメッセージに惹きつけられます。母鷲が大きく頭上で翼を広げると、子鷲たちは母の強さに目を見張ります。

子鷲が飛ぶのを学ぶ準備が整うと、母鷲は巣のフチにとまって、翼を下に向けて、子鷲が登れるようにします。母鷲は一羽ずつ登らせます。子鷲は、しばらく母鷲の翼の上に乗って、安心して安全だと感じていると、母鷲は予告なく突然身を傾けて、子鷲は転がり、地面に向かって落ちながら、空中で激しく羽ばたきます。

母鷲は子鷲から目を離さず、彼女の赤ちゃんが、あわや絶望という瞬間に、弾丸のように正確に降下して、子鷲を翼で受けとめます。この過程は、子鷲が飛び方を習得するまで繰り返されるのです。

これは、あなたが養子のために、巣を整えたときと同じではないですか？　たとえあなたの巣が、喪失体験の棘と枝木でできていたとしても、あなたはできる限りのことをして、子どもが歓迎と心地よさを感じられるように、家を整えました。あなたは夜中に起きて、おむつを取り替えたり、哺乳瓶を温めたり、子どもの悪夢をなだめたり、昼も夜も子どもに歓びを感じました。子どもがあなたの巣のなかで、あなたと一緒にいて安全だと感じているのを見て取ると、あなたは柔らかいものを、いくつか巣から取り除きはじめました。「あなたは養子なの」「いいえ、あなたはママのお腹にはいなかったのよ」「あなたを産んだママは、いなくなっちゃったの」。

子どもの嘆きの最中に、あなたは子どもの上で羽ばたき、子どもはあなたの強さと、自分を守ってくれるあなたの力を学びはじめました。「私はあなたのために、ここにいるわよ」「私は、絶対にあなたを捨てないわ」「私といれば、あなたは安全よ」。

さあ、あなたは翼を広げて、子どもはその上に登ります。二人一緒に空高く舞い上がります。高く。高く。高く。上昇するにつれ、子どもの心の中に、自分自身の力の感覚が欲しいという気持ちが膨らんでいきます。「ママみたいに、飛べるようになりたい」。

あなたをお手本にして、子どもが自分の力を獲得するのを確認できたら、さっと身体を傾けて、子どもに自分の翼を試させます。それは、幼稚園に行くということかもしれないし、ご近所を訪ねるということかもしれません。あなたが身を傾けて子どもを背中から落とすと、子どもの魂に、過去からの混沌としたつらい感情が溢れます。捨てられたこと。孤独感。パニック。子どもは猛烈に自分の翼で羽ばたき、あなたがしたように、自分自身の力で飛ぼうと勇敢に試みます。子どもが万策尽きたとき、あなたは急降下して、もう一度我が子を胸に抱き、子どもはあなたの力に守られて休むのです。

ときとともに、子どもは、どのようにして自分自身の力の感覚を獲得するかを学びます。「私はもう被害者じゃない！」「私には選択肢がある！」「過去に喪失体験があっても、今は安全だと感じている」「私を愛してくれている人と、離れていても安心していられる」「私は自分で飛べるのだ！」

子どもに力を与えているときには、とてもデリケートなバランスを維持しなければなりません。あるときには子どもを守るでしょうし、また別のときは巣のなかの柔らかい素材をやさしくどけて、子どもが新たな危険を冒して、自分の翼を試してみるように励ますでしょう。「あなたにはできるわよ」「あなたは、人生でやりたいことは、何でもできるのよ」「あなたの未来の選択肢は、無限なのよ」。

子どもがつらい過去から、希望に満ちた未来へと移行するのを助けるために、個人の境界線の重要性について、教える必要が出てくるでしょう。ヘンリー・クラウド博士とジョーン・タウンゼント博士によれば、境界線とは、私たちを定義づけるものです。境界線は私が何であって、私が何でないかを定義します。境界線の一つは、どこまでが私で、どこからが他の人かを示してくれます。

著書『バウンダリーズ　境界線』で、タウンゼントとクラウドの両博士は、境界線の発達の三つの段階を説明しています。卵から孵化する段階（ママと私は同じではない）・練習の段階（私はなんでもできる！）・歩み寄りの段階（私は全部できるわけではない）。この基本的な取り組みを、養子縁組にあてはめてみましょう。

博士らは、良好な絆形成がすべての境界線形成の基礎となるといって、説明しています。絆がなければ基礎がひび割れて、安全と所属の感覚が損なわれてしまいます。この段階の赤ちゃんには、自己という感覚はありません。赤ちゃんは「ママと私は同じもの」と、考えています。この最初の母親との融合によって、赤ちゃんは、この世の中で安全であるという感覚を獲得するのです。

あなたの子どもについて、ちょっと考えてみてください。どんなに状況が良好であったとしても、子どもは遺棄されたことで、この共生的な関係を奪われたのです。誕生のあと子どもは、この安全で素晴らしい関係のなかで、長らく休息する時間を持てなかったのです。生母との関係は、子どもが信頼することを学ぶ前に終わってしまいました。子どもの翼は、飛んでみる機会がくる前に折れてしまいました。あなたの子どもの基盤は、生母との絆ができる前にひび割れてしまい、したがって、個人の境界線の発達の、自然な進行ができなかったので、あなたは、子どものさまざまな発達段階に介入して、「どのように他者から分離して、自己になるか」を、教える必要があるのです。

養子が学ぶ必要のある基本的な境界線が、三つあります。第一は「産んでくれたママと私は、同じではない」。遺棄されたことを、どのように処理するかを学ぶことで、子どもは被害者の段階を乗り越えて、力を獲得する段階へと進むことができます。「産んでくれたママと私は同じだったけれど、今は違う」「彼女の生き方と選択肢が、私のアイデンティティーを決めるわけではない」「私は私なのだ」。

第二の境界線は、「養いのママと私は同じだ」です。この絆は、養子縁組の喪失体験を一緒に悲しむことで、あなたと子どもの間に築かれるでしょう。「あなたが私のお腹で育ったのでなくて、私も悲しいわ」「あなたが産みのママをなくしてしまって、私も悲しいわ」。

そして、「養いのママと私は、同じではない」ということが、子どもが学ぶ必要がある第三の境界線です。あなたの愛の苦心が助けになって、子どもがあなたへの愛着を築き、家族のなかにあって安全だと感じられるようになったら、今度は、子どもが思い切って外の世界を探索するように、あなたが励ます必要があります。「自分でできる」が、おそらく子どものお気に入りの言い回しになるでしょう。ゆくゆくは、子どもは、自分から何かしはじめることはよいことだ、と学びます。この時点で、何よりも子どもに必要なことは、あなたが子どもの感情を反映してあげることです。子どもの歓びにあなたもゾクゾクする。子どもの興奮に感激する。「まあ、あなたって、なんてできる人なんでしょう！」「あなたって、本当に大したものね！」

それから「自分には、なんでもできる」の段階がきます。この境界線の発達は、生後一八ヶ月から三歳にかけて起こります。あなたとの繋《つな》がりへの回帰が起こりますが、今回はその程度が違っています。子どもは前よりも分離した個人として、あなたとの相互関係をはじめます。あなたと子ども、という別々の考えを持ち、別々の感情を持った二人がいるのです。この時点で、子どもは自分の力の感覚を獲得し、自分はもうこの世界で、無力な存在ではないということを理解するのです。

養親にできること

「ノー」と言っても安全だと、子どもが感じるように支援すること

子どもは、もちろんあらゆることを自分で決めることはできないにしても、聞き入れられ、尊重されるべき「ノー（やらない）リスト」があるべきです。「ううん、今日は養子縁組について話したくない」「養子じゃない子と、少しでも違う扱いをされるのはイヤ」「産みのお母さんには、私の人生に戻ってきて欲しくない」。

「ノー」と言うことは、子どもが何が好きで何が好きではないかを区別するのを助け、自分で選択する力をつけ、自分自身の人生を支配する力の感覚を取り戻させます。

「ノー」と言うのは「はい」と言うのと同じくらいかわいいと、子どもに知らせること

子どもが「ノー」と言ったときに、感情的に子どもから引いてしまわないでください。気持ちの繋《つな》がりを持ち続けていてください。そうするには、あなたには大変な努力を要すると思いますが、長い目で見たときに、それだけの価値があるものなのです。

ある朝、当時七歳だった私の娘が、怒って学校に行こうとしたときのことを思いだします。娘が怒りを表したあとで、私はこう言いました。「あなたが怒っているときも、同じくらい大好きよ」。最初彼女は抵抗しましたが、それから私の腕のなかにしなだれかかってきました。ありのままで愛されているという、抗いがたい感覚は、どんな人にもしっかりした心の支えを与え、力を持たせるのです。

許すことを教えること

養子の子どもの多くは、つらさと恨みを心に抱き、捨てられたせいで自分は無力だと思っています。子どもたちは、許すことの力をまだ味わったことがないのです。

許しにいたるのは簡単ではなく、往々にして許すことは、癒しの最後の段階——憎しみ、傷つき、激昂、涙のあとの——になります。許しを否認（なかったこと）と混同してはいけないし、十分に機が熟していない段階で、痛みの抜け道として使ってもいけません。許しとは、痛みの背後にある目的を、見通すための道なのです。許すことは、織りなされた物語を下から見るのでなく、上から見ることのはじまりなのです。「あなたの産みのお母さんは、おそらく彼女のできる最善のやりかたで、その状況に対処したのよ。お母さんもつらかったの」「私は産みのお母さんを許しました。私の子どもたちがいつか同じように、私を許してくれるといいと思います」。

肯定！　宣言！　宣誓！　すること

私の三歳になる双子の孫息子たちは、何かをやり終えると始終私にこう発表します。「凄いでしょ」。私はクスクス笑って言います。「そうね、あなたは本当に凄いわ！」これがまさに、あなたの養子が、できる限りいろいろな言い方で、あなたから聞きたいメッセージなのです。

ジーン・イルスレイ・クラークとコニー・ドーソンは、二人の傑出した著書である『育ち直し』で、特に養子のためにつくられた七つの約束の宣言を提案しています。

・私はあなたと繋《つな》がるために、ベストを尽くすわ。
・私を頼りにしていいのよ。
・あなたは押してもいいけど、私を押しのけることはさせません。
・私はあなたも、私自身も大切にしますよ。
・私たちは、本当のことを言うことも、自分たちのふるまいに責任を持つこともできます。
・あなたの成育歴や遺伝について、あなたが知りたいことを学ぶのを応援しますよ。
・あなたは、ありのままで愛される価値があるの。

子どもが自分の全人格と、個人の強みを実現させることを、少しずつ学んでいくにつれて、あなたの仕事は減っていきます。あなたは傷ついた鳥に、自分自身の力を与えるのです。

今やあなたの子どもは、傷ついた翼は修復できるのだと学んだので、どのように自分の違いを認め、それを祝福するかを学んで、さらに自分を鍛えあげるときがきたのです。

13

見た目もすることも、あなたにそっくりだと、どうか言わないでください。私たちの違いを認めて、あなたに祝って欲しいのです。

　養子縁組について、両親や友人たちや親戚と交わした会話を、漠然と憶えています。その話をするのは稀《まれ》で、私と両親が写っている写真を見せられたときに、その話題になるようでした。見た人がおずおずとこう言います。「彼女はあなたにそっくりね。同じ濃い髪の色で、茶色の目、オリーヴ色の肌。彼女が養子だなんて、誰にもわからないわね」。

　この言い方の何かに、子どものときでさえ、私は馴染《なじ》めませんでした。私にわかっていたことは、きまりが悪かったということです。

　私が養子になった一九四〇年代には、間違った指導を受けたソーシャルワーカーたちが、養親に、「違いをできるだけ気にしないで、子どもはあなたにそっくり、と言うだけにしてください」と、提言しました。異人種間や国際養子縁組が増えるに従って、減ってきているとはいえ、今日でもこういう言い方を耳にするのは珍しいことではありません。白人の夫婦に、中国人の赤ちゃんがそっくりだなんて、言えるわけがありませんね！

いつの年代でも、かつて私が聞いたこの種の評言は、お世辞で包んだ否認でしかありません。血縁の根源、誕生、養子縁組前の成育歴の否認であり、子ども自身を否認することなのです。

ジョアン・スモールは、『公的福祉』への寄稿文で、この種の否認についてこう書いています。「子どもの基本的な自意識が、間違った思い込みのシステムに沿って発達します。それは、両親から生まれた子どもと養子になった子どもとの違いを、すべて否定することに基づくものです。こういった状況が起こると、家族全員が知らず知らずのうちに、否定の過程との共依存関係になります。ちょうどアルコール依存症の家族に起こる、共依存関係と似ています……」。

「あなたは私たちにそっくりね」、という言い回しは、養子に以下のように解釈されるのです。

- あなたは、私たちのようでなければならない。
- あなたの誕生と産みの家族は間違っている。
- あなたは、自分の感情に不正直でなければならない。
- ありのままのあなたでいるだけでは、不十分だ。

ここであなたは、過去によかれと思って言ってしまった否定の言葉を思いだして、縮み上がっているかもしれませんね。元気を出して！　あなたの間違いは、致命的ではありません。でも、少し時間を取って、あなたがうかつにも子どもに効果のないメッセージを与えた原因となった、あなたの信条について考えてみてください。

ほとんどの文化で、多くの人が、家族がお互いに似ていることが家族を家族たらしめる最も大切なことだと考えています。あなたの顎のくぼみや反り上がった爪、ぷっくりしたつま先やがっちりした体格、小さな足――家族のメンバー間の、こういうちょっとした類似点で、私たちは所属している気持ちになります。私たちによく似た先祖から続く、長い系譜の一員という気持ちです。こういうことで私たちは安心と、繋《つな》がりという感覚を得ることができるのです。

しかし、見るべき先祖がなく、堪能すべき類似点を持たない養子はどうでしょうか？　あなたの子どもは、誰も当人に似ていない親族の集まりのなかで、どこに居場所を見出せばいいのでしょうか？　学校で民族の日の料理を持ってくるように言われ、持っていけるものは何もないと結論づける養子の場合はどうでしょうか？

養子縁組では、違いは大問題なのです。違いは恥の感覚の源泉にもなるし、養子縁組以前の子どもの過去との関連について学ぶ入り口にもなるのです。〝違い〟が恥の源泉になった、あるケースを紹介させてください。

つい最近、私は養子仲間と、ある養母が子どもの肌の色の違いをどう扱ったかについて話すのを聞いていました。子どもが三歳か四歳のときに、無邪気にこう訊いたのだそうです。「ママ、どうして私の肌は茶色で、ママのは白なの？」養母の答えはどうだったかって？　シートベルトをしっかり締めてくださいね。これは必殺の一撃です。

13　見た目もすることも、あなたにそっくりだと、どうか言わないでください。私たちの違いを認めて、あなたに祝って欲しいのです。

赤ちゃんのときに湿疹ができたから、あなたの肌は茶色なのよ、ハニー。

言うまでもなく、友人と私は信じられない気持ちで息を飲みました。

この子どもが、大人になっていくときのことを考えてみてください。彼女は家族間で、あるいは社会に出て、自分の違いをどう捉《とら》えていくと思いますか？　彼女が自分の肌の色の違いを、独自の美しさの印として見るかは疑わしいですね。むしろ、否定的なやりかたで、彼女に孤立感を与えるのではないでしょうか？

「私たちは子どもとそんな問題はないわ」。と、あなたはお考えかもしれません。「子どもの肌の色は、私たちと同じですもの」。ここでお話ししたいことは、たとえあなたの子どもに、髪の色のような身体的違いや、他国籍のようにはっきりした違いがなくても、養子にはそれぞれ遺伝的な違いがあり、その違いを認めてもらい、祝ってもらう必要があるのだということです。

あなたの子どもは、卵からかえったわけでも、地球にきた宇宙人でもないことを、知りたいと望んでいるのです。子どもは、本当の人格と、人生の物語を持った実在の人間から生まれ、その人たちの決断が自分の人生に、永遠に影響を与えたのだと認識するのです。子どもが自分は養親の家族とは「違って」いて、「自分の血縁たち」からおそらく永遠に引き離されたようだ、という事実に直面したら、複雑に混じり合った感情を持つのは自然なことです。子どもは、自分があなたとは違っていて、独自な存在だと誇らしく思いたい一方で、他方では、自分が誰かという、欠けている部分との繫《つな》がりを求めているのです。この〝違い〟にこのあと、焦点をあてていきます。

認めてもらう必要のある〝違い〟

あなたと養子の子どもとの、身体的、情緒的、性格的な違いは何ですか？　すぐに、思い浮かぶものがありますか？　体形の違いはどうですか？　もしかしたら、あなたは背が低くがっしりしていて、子どもは背が高くひょろっとしているとか。見た目の違いはどうですか？　あなたはいたって平凡なのに、子どもは美人コンテストの優勝者というほど、魅力的かもしれませんね。音楽の趣味の違いはどうですか？　あなたはベートーベンとバッハが大好きなのに、子どもはカントリーとロックンロールが好き。レジャーの好みはどうですか？　あなたはスポーツイベント全般に参加するのが好きでも、子どもはむしろ家で絵を描く方がいいとか。あなたはどんな食べ物が好きですか？　あなたはグルメ料理好きでも、子どもはシェフ・ボイヤルディーの缶入りスパゲッティが最高の料理と考えるかもしれません。違いはまだまだあるでしょう。

こういう違いを、養親のあなたはどう扱うのがよいでしょう？　はい、正直にね！　こういう違いが表立ってくると、何か気まずいですか？　あなたは秘《ひそ》かに、あなたの子どもはちょっとへんだと思っていて、できれば子どもの興味や嗜好がもっとあなたみたいだったらいいのにと、願っていますか？（笑わないでください。多くの養親はそう感じるのですよ。）あるいは、あなたは違いに気づいて、公にそれを認め、それからその違いを祝っていますか？

違いを祝うには、まずそれに気づくところからはじめます。子どもの独自性を評価して、肯定する

13　見た目もすることも、あなたにそっくりだと、どうか言わないでください。私たちの違いを認めて、あなたに祝って欲しいのです。

ためには、あなたは本当に子どもを「見」なければなりません。時間をかけて念入りに子どもを研究してください。悪い意味で子どもを見張るやりかたでなく、あなたはとても大切だから見守るの、というやりかたでしてください。そうすることで、自分の違いは何か恥ずかしいものではなくて、愛情の的であるということが子どもに伝わるのです。

どんな違いを見つけたらよいでしょうか？　いくつかの例をあげます。

・子どもの食べ物の好みは何か？
・どんな子を、友だちに選ぶか？
・子どもの性格は、楽観的か悲観的か？
・余暇時間に、何をすることが好きか？
・子どもはどんな体格か？
・どんなことを怖がるか？
・愛情とやさしさの表現を、どのように受けとるか？
・どんな音楽が好きか？
・髪の毛は縮れているのか、まっすぐか？
・くつろいでリラックスしている方か、神経質で緊張している方か？

注意深く子どもを観察していくと、今現在の子どもの好みだけではなく、生母の胎内にいたときに発達した好みや傾向が学べます。こういった類似性は血縁家族から神秘的に受け継がれたもので、この部分が養親家庭に持ち込まれたときに、子どもと養親の違いになってくると私は信じています。ある養子が、このことを上手に言葉にしました。「私のなかに、養親と結びつかない部分があるのです。このおかしな、ちょっとした溝がどこからくるのか不思議に思います」。

私自身について考えると、ずっとケチャップが大好きでした。スクランブルエッグにケチャップ。ステーキにケチャップ。ほとんどなんにでもケチャップ。私をよく知っている人は、私が食事にくるときには、食卓にケチャップの瓶を絶対に欠かしません。これは、終生私の人生に、抗いがたく強烈に組み込まれた嗜好なのです。

私の養親には、この特定の味の好みはありません。それで、私はいつも夕食の席で奇妙な感じがしていました。もし養親が、私の養子縁組前の現実をどのように確認するかについて、もっと通じていれば、これが私の血縁の遺伝に関係があると、結論づけていたかもしれません。そうすればこの違いを認め、祝福することもあり得たでしょう。「あなたの産みの家族のなかで、誰がケチャップ好きだったのかしら！」と言うこともできたでしょう。そのコメントは、今の私の好みに遺伝が影響していることを、認めるものであったでしょう。

七年前に、生母と再会したときに、母と私は高級レストランで食事をしていました。恥ずかしいと思いましたが、私はステーキにかけるために、ケチャップの瓶を頼みました。ケチャップの瓶がくると、母が自分のステーキにもケチャップをかけるのを見て、私はびっくりしました。八人で囲んでいたテーブルで、その晩ケチャップを使ったのは私たち二人だけでした。信じられませんでした！　母

13　見た目もすることも、あなたにそっくりだと、どうか言わないでください。私たちの違いを認めて、あなたに祝って欲しいのです。

と私が、ともに無性に好きなものは、私たちの血縁のルーツから受け継がれていたのだと納得したのです。

承認することの養子への効果

簡単なやりかたで、子どもの好みを確認して一緒にやってみることは、子どもにとても大切なことを学ばせます。違うということは、劣っているという意味ではないこと。むしろ違いは、子どもが独自に素晴らしく、創造されている証拠なのだと！

「でも、産みの家族について話すと、子どもが混乱しないかしら？」と、訝《いぶか》っていらっしゃるでしょう。「失ってしまった人たちとの、血の繋《つな》がりを思いだして、子どもが動揺するのではないかしら？」「子どもと私たちの違いを持ちだすのは、私たちの家族から子どもを疎外することにはならないの？」

右記の質問への答えはノーです。違いを認めることは、あなたが彼女に目を留めるずっと以前に存在していた感情の現実を、確認するのに役立つだけです。あなたは、彼女が心の中ですでに知っていることは本当なのだ、と言うことになるのです。

ベティ・ジーン・リフトン博士は、『養子になった自己の旅』でこう言っています。「養親が、実子と養子の違いという現実を否定するとき、養親は養子への愛情を証明していると考えているのですが、実際には、養子の現実を否定しているのです」。

あなたが違いを認めると、子どもの抑制された感情と長い間埋もれていた質問が、表に出てくるかもしれないということを、知っておいてください。早い段階での〝違い〟への気づきは、養子になるということは二組の両親（自分と似ている両親と似ていない両親）を持つことだという、あなたの子どもの認識の芽生えと交差します。

「そんな考えはたくさんだわ」、と思っていらっしゃるかもしれませんね。「二人の母親と二人の父親ですって？　私たちが子どもの母親と父親なのよ！　私たちが子どもの涙を拭い、夜中に汚れたおむつを替えた親なのよ」。

私には、あなたの言うことが聞こえますよ。それに、それはすべて本当のことですね。それでもあなたの子どもの現実には、二組の両親が『居る』のです。一組は子どもに命を与えた両親、もう一組は子どもに家庭と、養育と、愛情を与えた両親。どちらも欠かせません。違いを認めると、子どもの過去の人生（養子縁組以前）が、あなたにとって大切なものなのだと、子どもに伝えることになります。あなたの子どもが、ある男性の養子と同じ、次のような結論にいたるようなことはしないでください。「遺伝の話題はタブーだった。何が一番困ったかと言うと、僕の両親がそれについて話そうとしなかったことだ。この話になると、すぐに違う話題に切り替えられた。それから両親は〝かわいそうなやつ〟という目で僕を見るので、僕は気分が悪くなったんだ」。

憶えておいてください。違いを認めることが、あなたの子どもの健全な自己尊重の基盤になるのです。違いを認めることで、子どもの過去は無視されるべきものでなくて、過去には価値があり、現在のそして未来の鍵なのだと、子どもに知らせることになるのです。

13　見た目もすることも、あなたにそっくりだと、どうか言わないでください。私たちの違いを認めて、あなたに祝って欲しいのです。

養親にできること

違いを強調しすぎないこと

違いを認めるときに、強調しすぎないでください。違いを持ちだすのは、ちょうどいいと思われる程度で、子どもに教えるときにだけにしてください。

また、あなた自身の遺伝的な特徴と家族の伝統を犠牲にして、子どもの違いを強調しすぎないように注意してください。そういうことをすると、あなたが達成しようとしているまさにそのこと（違いの承認）が、ブーメランのようにはね返ってきて、狙いに反して子どもは恥（〝自分は悪い意味で違っているんだ〟）と、感じてしまいます。

どのように違いを祝福するか、子どもに教えること

違いを認めることについて、ここでお話ししていることは、すべてかなり複雑に聞こえるかもしれません。その通りなのです。ここは養親が直面することのうちで、一番難しい部分の一つです。でも、できますよ！　あなたは養親の仕事を学ぶことをお選びになりました。それは深い海を子どもがしっかり進んでいくのを助けるのに、とても役に立つでしょう。養親としてのあなたの究極の目標は、子どもがあなたの傘下にいるときだけでなく、大人になってからも、どのように自分の違いを祝うかを、教えることとなのです。

私は、あなたの子どもに、自分の違いをどうやって祝うかを教える道具になる寓話を書きました。

子どもにこの物語を話す前に、三本のリボン――赤と緑と紫を一本ずつ――を、買ってください。それから、あなた自身の言葉か、以下の寓話に出てくる言葉で、子どもが受け継いでいる、二重の伝統について話してください。

ずっとずっと以前、永遠の昔に、神様は輝くリボンでできた、美しい組み紐を創ろうとお決めになりました。秘密の場所で織られた組み紐、「養子縁組」と呼ばれる組み紐です。それぞれのリボンは違う色をしています。一本は最も深い紫、もう一本は最も豊かな緑、三番目は最も鮮やかな赤です。

それぞれのリボンには目的があって、それぞれ互いになくてはならない貢献をしていて、それぞれ互いに他の二本とは違う独特の役割を持っていました。

緑のリボンは産みの家族と、そのとても深いけれどもしばしば忘れられがちな、養子の人生への貢献を表しています。

紫のリボンは養親家族、神から授かった生命の贈り物を、産みの家族から受け渡され、養育することを選んだ家族を表しています。

赤のリボンは養子、「生まれ」と「育ち」が独特に織り込まれた、素晴らしい可能性を秘めた人を、表しています。

それから、子どもの年齢に合った言葉で、こう説明してください。

13　見た目もすることも、あなたにそっくりだと、どうか言わないでください。私たちの違いを認めて、あなたに祝って欲しいのです。

養子のあなたにとっての挑戦は、緑と紫と赤のリボンを、どのように編むかを学ぶことなの。これは簡単な仕事ではないのよ。でも、あなたが産みの家族と養いの家族の両方を、良いことも悪いことも知れば知るほど、あなたの成長の可能性が広がっていくのよ。

養子に三つのリボンで組み紐をつくらせてください（小さい子どもは手伝ってあげてください）。そして子どもが、産みの家族と養いの家族からもらったさまざまなことを、否定的なことも肯定的なことも、思いだすのを手伝ってあげてください。子どもの考えを促すためのいくつかのアイディアをご紹介します。

・生母から受け継いだ美しい肌
・産みの家族から受け継いだ創造性と芸術への志向
・生母からの拒絶と遺棄の感覚
・産みの家族からの遺伝的な病気
・養い家族からの、私を愛してくれる家族と家庭
・養い家族からもらった所属感
・養い家族からの兄弟と姉妹

それから、今日のその子になるために、このようなことがどのように役立ってきたかを、子どもが

話せるように助けてあげてください。

- 生母から受け継いだ美しい肌は、私が自分の身体を受けいれるのを助けた。
- 産みの家族から受け継いだ芸術への創造性と志向は、やりがいのある芸術への努力を追究することを促した。
- 生母からの拒絶と遺棄の感情は、原初の体験をのり越えて、自尊心を身につけるように、私を鼓舞した。
- 産みの家族から受け継いだ遺伝的な病気で、自分に必要な医療的な助けを、受けざるを得なくなっている。
- 養い家族がくれた家庭と家族は、私に安心感を与えてくれている。
- 養い家族に所属している感覚は、私が勇気を出して、他の人々に近づくのを助けてくれている。

この寓話は、養子縁組に関わるすべての人を称えるものです。

民族と人種による違いを見つけて肯定すること

もしあなたが、国際養子縁組や異人種養子縁組をしている場合には、どのように違いを認めるか、特に気がかりなことでしょう。あなたの子どもの受け継いでいるものを、喜んで受けとめ、祝う方法

13　見た目もすることも、あなたにそっくりだと、どうか言わないでください。私たちの違いを認めて、あなたに祝って欲しいのです。

がたくさんあります。

- 子どもの祖国や親族を再訪する。
- 子どもの祖国や文化遺産についての本を買う。
- 子どもの祖国の文化の伝統的な料理をつくる。
- 養子縁組の前に子どもが暮らしていた施設や里親家庭を見つける。
- 子どもの祖国や民族の伝統的な衣装をつくる。
- 子どもの血族の先祖の墓に、花を手向ける。
- 子どもと同じ肌の色の人形を買う。
- 子どもがアメリカにきたときに着ていた服を、特別な箱に入れて取っておき、子どもが取り出して見られるようにしておく。
- 子どもの出身地に由来するミドルネームを維持する。
- 子どもの祖国の養子縁組斡旋センターから、養子に出されたのは子どもに問題があったからではなく、母親が親になれなかったからだと説明する手紙をもらう。

ドリス・サンフォードとグレーシー・エヴァンスの『ブライアンは養子になった』という素晴らしい本を、大いに推奨します。この本は、国際養子縁組のすべての問題を、率直に、共感を持って扱っています。

あなたと子どもの違いを認めるというのは、あなたに、犠牲的な愛情を持つことを求めます。これは、あなたの子どもがいつか産みの両親との再会を願うかもしれないことに対しての、過剰防衛、嫉妬、恐怖感を脇に退ける、という意味です。本質的に、あなたがそのような気持ちを捨て続け、子どもを第一に据え続けるということを意味しているのです。

あなたが子どもに、どのように違いを祝うかを教えていくにつれて、子どもはあなたの家族のなかで、そして世界のなかで、いかに自分自身であり得るかを学ぶ準備ができていきます。次章では、この過程で、どのようにあなたが子どもを励ますことができるかについてお話しします。

13　見た目もすることも、あなたにそっくりだと、どうか言わないでください。私たちの違いを認めて、あなたに祝って欲しいのです。

14

私の自己を確立させてください……でも、あなたから切り離さないでください。

すべての子どもたちは、両親から自分たちを区別することを望みます。それができたら、子どもの独自性と成熟性をもっと促進させる新たな絆を、両親と形成します。子どもたちは自己を確立したいし、確立する必要があるのです。養子の子どもたちも自主性を求めますが、同時に、養子であることでしばしば起こる矛盾する感情を口にするのに安全な場所を必要としています。

養子の子どもにとって、「個人」になる作業は独特で複雑です。というのも、ここで再び二重のアイデンティティーが課題になるからです。自律へ向かう一歩ずつの歩みとともに、養子は自分の養子縁組以前の過去をより意識するようになります。養子にとってあなたから「離れる」ことは、よりトラウマを与えることかもしれません。なぜなら、養子はすでに自分の意思に反して産みの両親から切り離され、その両親は二度と帰ってこなかったのですから（もちろん情報開示型養子縁組でなければですが）。この最初のショックで子どもは、養子でない子どもに比べて、健全な分離に悩みやすくなっています。

自立に向かう葛藤

子どもが、あなたとは異なる自己を確立した個人になるためにさらに一歩を踏み出そうとしていることを、あなたに気づかせるさまざまな徴候があります。子どもは「僕の本当のお母さんなら、僕にこれをさせてくれる筈だ」と、いうような、挑戦的な宣言をするかもしれません。産みの家族について、もっと考えるようになるかもしれません。「家族はまだ生きているだろうか」「家族は僕のことを欲しがるだろうか」「家族についての情報をもっと見つけたい」「家族に会えたらいいのに」。

自分のアイデンティティーについての、基本的な疑問が起こるかもしれません。「自分は誰なのか?」「養子縁組に関して、自分は誰なのか?」「自分の人生には、意義があるのか? そうだとしたら、それは何なのか?」

感情が湧き上がってくるかもしれません。ロビン（一六歳）が、こう言いました。「ティーンエイジャーになったら、にわかに独立したくなって、家族から離れて、ふしだらになりました。私は両親の決めた夜間外出禁止に腹を立てていたのです」。思春期は暴言を吐いたり、自分たちが本当に求める人間関係を見つけるために、あなたが望まない、違う友人関係を試してみたりするかもしれません。

あなたの子どもが、自立に向かう動きを示す、それ以外の意見も覚悟しておいてください。

・「どうして私の肌の色は、あなたと違うの？」
・「本当の家族はよく似てるものだ」
・「あなたは私の本当の家族じゃない」
・「あなたは、ただの養母」
・「あなたは、私のパパみたいなもの」
・「本当の両親は、どんな容貌なのだろう」
・「本当の家族は血の繋《つな》がりで決まる」
・「私、妊娠しちゃった」

ときとして、こういう言葉が、怒りとともに投げつけられます。なぜなら怒りは、通常、養子が失ってしまった自分の人生と自分自身に直面する過程の一部だからです。もしあなたの子どもが、時々敵対的になったら、あなたは自分と自分の親としての能力を、疑いたくなるかもしれません。でもその衝動と戦ってください！　この激動は、あなたやあなたの子育てとは何の関わりもなく、すべてはあなたの子どもが自分自身を、もっと完全に知っていくことにかかっているということを憶えていてください。

養子が伝えようとしていること

湧き上がる感情とびっくりさせるような宣言、アイデンティティーの問題の下には、あなたの子どもに、養子縁組以前の過去についての疑問がある、ということをはっきり理解してください。子どもは、過去への疑問と、現在の自分の生活とを結びつけようとしているのです。子どもは、織り込むべき多面的なアイデンティティーを持っていて、それを伝えるのが往々にして困難なのです。

あなたの子どもが何を伝えようとしているのか、いくつかの例をあげてみます。

・家族は血の繋《つな》がりで決まる。――僕はどこに所属しているの？
・あなたは私の養母に過ぎない。――私の産みのお母さんは誰？
・あなたたちは僕の本当の家族じゃない。――僕には二つの家族から受け継いでいるものがあることに、気づいている。
・私の産みの家族はどんな容貌なのかしら。――私は誰かに似ているのかしら？
・僕の本当のお母さんなら、そうさせてくれるだろう。――僕には空想上のお母さんがいるんだ。
・私の産みのママは、私を愛していたから、育てるのを諦めたの。――あなたもそうするの？
　愛されるのは本当によいことなの？
・僕のもう一人のママは、僕が悪い赤ちゃんだったから他人にあげちゃったんだ。――僕の産みのお母さんは僕を愛してくれたのだろうか？
・あなたは、私のパパみたいな人ね。――私にはパパが二人いるって、気づいているの。

・今年は学校で、僕の養子縁組の話をしたくない。――僕は養子でなくて、「普通の子」になりたい。僕は悲しいよ。
・私、妊娠しちゃった。――私が知っているたった一つのやりかたで、産んでくれたお母さんと繋《つな》がろうとしているの。――私には解決できない喪失感があるの。

両親が自分たちの子育てにとても自信があって、アヒルの背中を水滴が流れ落ちるように、こういう声明を受け流せればいいのですが。しかし実際には、こういう大胆な宣言は、しばしば両親の一番痛いところに突き刺さるものです。フィッシャーとワトキンスは、『養子縁組についての幼い子どもたちとの話し合い』で、この脆弱性について述べています。「多くの養親にとって、この脆《もろ》い部分とは、血の繋がりがないことで、子どもが養親からただ自立するのではなくて、最終的に彼らから決別するのではないかという恐怖心です。養親は、自分たちが子どもに捨てられて、孤児になることが怖いのです」。

この恐怖心は、いくらかあなたのことを言いあてていますか？　正直にあなたの心を検分なされば、最愛の子どもを失うのが、死ぬほど怖いということを、認めざるを得ないのではないですか？

あなたの恐怖感は、正常だと保証します。もしあなたが、子どもの感情の避難場所となり、彼が自立へと向かう、健全で必要な心の動きを励まそうとするならば、この自分自身の脆弱性についての理解が欠かせません。

養親にできること

子どもを安心させること

正常な子ども時代の自立への過程は、あなたの子どもにとって、ときには苦難の道かもしれませんから、荷が重すぎると感じたならいつでもあなたがそこにいて子どもを支えてあげると、安心させる必要があります。子どもの感情の現実を認める、ほんの少しの言葉で、子どもは慰《なぐさ》められるでしょう。「新しい状況があなたには難しいことがよくあるのを、私たちにはわかっているわ。もし荷が重すぎると感じたり、寂しいと感じたりしたら、いつでも私たちを呼べることを憶えておいて欲しいの。あなたのために、いつでもいるからね」。

安心させる言葉は、あまり直接的でなくても伝えられます。私たちの娘たちが成長してきたら、伝えたい特別なメッセージがあるときは、家族はお互いの枕の上に、よくメモ（短い手紙）を置いたものです。

身体に触れることも、あなたの理解を示すもう一つの方法です。腰に腕をまわす、肩に触れる、ウィンクするなどは、ときには言葉で伝えられないことを伝えます。

穏やかさを保つこと

湧き上がる感情と、びっくりするような言葉が投げつけられたときにも、努めて冷静さを保ってください。そうすると、あなたの子どもに、暗黙のうちにあなたの強さが伝わり、子どもが激怒の方で

14　私の自己を確立させてください……でも、あなたから切り離さないでください。

なく、自分の健全性の方に引きつけられるのを助けるでしょう。もし子どもが、あなたを感情の大暴風に巻き込むことができたら、カオス（大混乱）の勝利です。

深い穴に落ちた人をある人が助けようとしている実例を思いだします。助ける方は、穴には降りていきません。代わりに彼は、何かしっかりしたものに摑《つか》まり、穴のなかの人に、手を差し伸べて、少しずつ助けあげたのです。「今あなたが、大変なときだってわかるわ。もし話したくなったら、ここに、あなたのためにいるからね」「どうすれば手伝えるかな？　私はあなたの味方だってこと、憶えておいてね」。

子どもの好奇心を大切にすること

幼児はお腹にいたママについて、質問するかもしれません。未就学の子どもは、人種の違いに興味津々です。「私はママみたい。短い髪で巻き毛なの」。幼稚園児はこう訊くかもしれません。「あなたも養子なの？」。ブロジンスキーとシェクター両博士は『養子になって：一生の自分探し』で、子どもは八歳ぐらいで、養子縁組についての多くの肯定的な感情が変化する、と言っています。「養子縁組についての、肯定的な感情を維持しながらも、年長の子どもたちは、今や養子になったことについて、もう少し難しく、混乱するような側面を認識し、体験しはじめます。そのほとんどは、喪失感と、自分が違っているという感覚に関連しています」。

また、子どもの産みの家族への好奇心を驚異と思わないようにこらえてください。好奇心は、あなたの子どもの、あなたへの愛情には何も関係がありません。客観的でいてください。あなたの子どもが、あなたや養子縁組以後の現実から、自分自身と自分の現実を区別しようとして、健全な歩みをさらに一歩踏み出そうと試みていることを示しているだけなのです。子どもが、好奇心を示す微《かす》かなヒントを出したら、探りの質問をしてみてください。そうすると、子どもは自分を、養親家族と同様に、産みの家族とも同列に置く許可を得ることになり、それで、あなたと違う――子どもにとって完全な――アイデンティティーを完成させていくのです。

解き放つこと

子どもが自立へと向かう動きを学ぶにつれ、あなたが子どもにあげられる一番素晴らしい贈り物は、「解き放つ」態度です。

私の娘が赤ちゃんのとき、今夜の授乳をやめて、娘に夜中眠ることを覚えさせるときがきた、と思ったことを憶えています。彼女は泣いて、泣いて、私はつま先立ちで彼女の部屋に入り、子どもが眠りに落ちるまでやさしく背中を叩きました。ほっとして、そっと出て行こうとすると、血も凍る泣き声が聞こえるのです。私は何度も、やけくそになって、彼女を夜間中ずっと抱いて揺すっていました。

それから、「もう終わり！　今晩こそ、子どもを泣かせたままにして、慰《なぐさ》めに部屋に入っていくのはやめよう。そうすればやっと、彼女は夜中眠ることを学ぶだろう」と決めた、あの胸を締めつけるような夜がきました。それで、私は一晩中寝返りを打って、彼女がしくしく泣いたり叫んだりするのを聴いていました。

14　私の自己を確立させてください……でも、あなたから切り離さないでください。

親にとって、なんてつらい時間だったでしょう！　私は娘にとって、一番よいと思われることを、しなければならなかったのです。つまり、彼女を泣かせたままにしておき、ミルク瓶と慰《なぐさ》めなしで夜を過ごすことを学ばせ、朝、目を覚ませば、私がそこにいることを発見させることです。

あなたも、子どもが徐々に自分で飛び立とうとしはじめるに従って、ストレスの多いときに直面することでしょう。それでも、あなたは賢明な親なので、新たに前へ進むことへの子どもの恐怖心に対して、あなたから切り離したりはしないと子どもを安心させる一方で、同時に、いつその恐怖心を認めてあげればよいかおわかりでしょう。

子どもが自己を確立することに関して、もう一つの課題があります。プライバシーの問題です。あなたはおそらく、あなたの子どもがこの領域を、常に尊重してもらう必要があることを、すでにご存知でしょう。次章では、この貴重な必需品（プライバシー）をどのように子どもに与えるかについての洞察を、もう少しお話ししましょう。

15

私が養子であることについて、私のプライバシーを尊重してください。私の了承なしに、他の人に言わないでください。

養子縁組では、秘密のないことが健全な基盤になる一方、あなたが子どもの養子の身分を見境なく漏らさないということを、子どもは知っている必要があります。あなたが子どもの個人としての独自性を認めて、大切にする必要性についてはすでに話しましたが、子どもを家族とは別扱いにしたり、他人の目に「違って」見えることのないように、注意して欲しいと思います。すべての子どもたちは、他の子どもたちと同じようでいたいのです。子どもたちの心の中では、「変わっている」ことは致命的なのです。

最近、私はある養母と出会いました。四年前に養子の息子をもらった、ちょっとした知り合いです。ある店で二人に挨拶すると、養母は臆面もなく、こう公表したのです。「私たちはジョッシュの養子縁組について、とてもオープンなの。知っている人みんなに、ジョッシュは養子だって言っているのよ」。

私は心が沈みました。このお母さんは、かわいい幼い息子の心に、否定的な感情と信条を自分が育もうとしているなんて、夢にも思っていないのは確かです。彼女がどうしてそうしてしまったかは、私にはわかりません。しかし子どもにとって、こんなふうに公に、ほとんど軽率に、『養子』の身分を公表されたら、居心地が悪くさらし者になっているようで、自分は『へん』で、人と違うのだと感じさせられてしまうでしょう。親の情報開示は、意図せず、子どもにこのように解釈されてしまうのです。「あなたは家族の他のメンバーとは違う。あなたは違っているから、本当の家族の一員ではない」。さらにまた、子どもに「特別な子」であり、「選ばれた子ども」を演じ、その身分を全うするように生きなければならないと強いるのです。

赤ちゃんのときに養子になったベバリーが、こう言いました。「私は、両親から養子だと紹介されたことは一度もないわ。でも、もしそうされたら、とてもイヤだったでしょうね。特別だったり、他人と違っていたり、一人だけ選ばれたりするのは好きじゃなかったから」。

離婚した両親の子どもを「離婚の子」、シングルマザーの子を「片親の子」と紹介したりしないように、養子縁組を通じてあなたの家族の一員になった子どもを、「養子の子」と特定することは、子どもにダメージを与えかねません。それは傷口を再び開かせたり、ただでさえ傷つきやすい心に、ぴしゃりと汚名のレッテルを貼ることになりかねないのです。

メリー・ワトキンスとスーザン・フィッシャーは、『養子縁組についての幼い子どもたちとの話し合い』で、このように説明しています。「未就学児が〝あたしはヨウシ（養子）になんてなりたくない！〟と、叫んだとして、養親が心に留めておくべきことは、この子は養子縁組という制度を攻撃しているわけでも、養親を批判しているわけでもなく、その子の保育園の世界の中心的な事実を、口にしただけだということです。つまり、子どもは仲間と、どんな点でも違っていたくないのです（もちろん、その違いでその子が、仲間からよく見られることでない限りは。例えば、保育園でその子が唯一人、仔馬を持っている！　というような）。」

養子であり近親者喪失についての専門家である、リチャード・ギルバート神父は、『宝石の中の宝石：養子縁組ニュース』への寄稿文で、こう言っています。「私がある家族に紹介されて、両親が子どもの一人を『これが養子です』と特別扱いしたら、私は身がすくみ、その子の心にどれだけの傷がつくだろうかと考えます」。

それでは、あなたが、子どもの心を傷つけるかもしれない、養子という「烙印を押して」しまわずに、その子の違いを確実に高く評価するには、何ができるでしょうか？　秘密は秘密にしておく、というのは答えではありません。それでは、たくさんの養子縁組家族が、何世代も演じてきた、機能不全の悪循環を繰り返すだけです。しかし、プライバシーは絶対に必須です。あなたの子どもの養子縁組は、子どもがあなたの家族のれっきとした一員になる必要性や、その出自を内密にする子どもの権利に対して繊細に配慮することなく、公表されるようなものであってはならないのです。

守秘性を尊重すること

守秘性とは、プライバシー、親密さ、そして信頼を意味します。養子の子どもと親の間の秘密保持

15　私が養子であることについて、私のプライバシーを尊重してください。私の了承なしに、他の人に言わないでください。

は、極めて重要といっても過言ではないでしょう。この基盤の上に、信頼、正直なコミュニケーション、個人の考えや感情、信念を表明する自由が築かれるのです。

養子だと紹介されるとほとんどの養子が不快に感じる理由は、養子の個人の境界線の侵害が公然となされるからだと私は信じています。ほとんどの人にとって、養子であるということは、大変プライベートなことなので、多くはそのことを、ほんの数人の選んだ人たちにだけ打ち明けます。私の個人的な考えですが、あなたの親族と、近しい友人の輪以外であなたが養子を取ったことを知る必要がある唯一の人たちは、医師と子どもの精神科医、もしくはカウンセラーだけです。子どもの先生は、学校で家系図のような家族についての特別なプロジェクトがない限り、知る必要はありません。

出自についての子どものプライバシーを尊重していることを、あなたが伝えられる特別な方法が、ここにいくつかあります。

・「あなたの許可なく、あなたが養子だということを、誰にも言わないと約束するわ」。異人種養子縁組の場合は、子どもが養子である事実や養子縁組の詳細を話し合うことはしない、と言うことができるでしょう。
・「この情報を誰に話して欲しいかは、あなたが決めるのよ」。子どもが養子だということが、容貌のせいであからさまでも、詳細は話さないと言って、子どもを安心させることができるでしょう。子どもが依然として、決定者なのです。このことを時々子どもに、思いださせてあげてください。

・「あなたのお医者様に、あなたの養子縁組についてお話しします。あなたが心を開いて、養子縁組のことを話せるように、お医者様はそれを知っている必要があるのよ。でも前もってお医者様に話しておくのに、あなたの許可をもらいたいの」
・「あなたのことを、私の養子だと紹介しないって約束するわ。あなたが私たちの子どもになった日を大事にするけれど、それで、血の繋《つな》がりのある子どもに比べて、あなたが、十分には私たちの子どもでないみたいに、思われたくないの」

あらかじめ、こういう約束を子どもにしておくと、あなたが他の人たちといるときに、子どもは自分に自信が持てるようになります。子どもは、あなたが、彼の出自に関する守秘義務の課題を解決したことを知って、あなたを信頼できるようになるでしょう。結局は、あなたは彼の旅の相棒であり、成長段階の一歩一歩で、彼を慰《なぐさ》め、勇気づける、とても大きな資源なのですから。子どもは、それぞれの段階で、あなたを信頼できるようになる必要があるのです。

養親にできること

安全な環境で養子縁組について話すこと

子どもに、すべてのことには、適切なときと場所があることを教えなさい。あなたの子どもが、養子縁組の話を持ちだすのに最も適切な場所がどこかを学ぶのを援助してください。「私たちが二人き

15　私が養子であることについて、私のプライバシーを尊重してください。私の了承なしに、他の人に言わないでください。

りでいるときが、養子縁組について話すのには一番ね」「話したくなったら、あらかじめ教えてね。そうしたら、私たちだけの特別な時間をつくるから」。あなたがお手本になって、プライバシーの概念を教えてください。

他人からの不適切なコメントを、効果的にあしらうこと

あなたの子どもの養子縁組について、無神経な、あるいは明らかに意地の悪いコメントをあなたの家族が受けるのは珍しいことではないと、あなたはすでに気づいていらっしゃるかもしれません。「お子さん、養子なの?」「あの子が、あなたが養子にした子?」「あれが、あなたがエクアドルからもらった子?」あなたがどうやってこういうコメントを扱うかが、あなたの子どもが、将来他の人たちとの境界線を、どのように築くかのお手本になるでしょう。

以下に、不適切な質問に対してどのように対処するか、いくつかの質問と答えを書きます。この問答集を見本にして、子どもに教えてください。

質問：子どもがあなたと一緒に食品スーパーにいます。知人がやってきて、こう訊きます。

「この子が、養子にもらった子?」

答え：感情を害したように、または防御的にふるまうのではなく、子どもに秘密を守ると約束したことを思いだしてください。軽率に対してやさしさを、強引さに対して境界線を引くことを、実践しましょう。親切なやさしい言い方で、「まあ、ミセス・パァディ、どうしてそ

んなことをお訊きになるの？」それから、さっと話題を変えます。

質問：教会の秘書が、きたるべきあなたの赤ちゃんの献児式のことで、電話をしてきます。子どもの生年月日を訊いてから、彼女はあなたが、子どもが養子だと公表したいかどうか尋ねます。

答え：彼女に丁寧に説明しましょう。「ありがとう、ミセス・スミス。あなたのお気遣いに感謝します。でも、私たちの子どもの紹介を、他の子と同じようにしていただきたいのです」。あなたの態度と返事のしかたを通して他の人たちに養子縁組について教える機会があるときに、このような会話を使ってください。

質問：学校のカフェテリアで、一二歳の子どもが、あなたの子どものところにきて訊きます。「君、養子なの？」

答え：「なんて面白い質問なんだ！　どこからそんなこと思いついたの？」あなたの子どもが、この子に、自分の私的な生活に踏み込んで欲しくなかったら、子どもは感情の防衛線を張って、それ以上話すことを拒否することができます。他の子がこのテーマを続けたら、あなたの子どもは、体ごとその場から去ることができます。

質問：仲間が子どもに訊きます。「君の本当の両親は誰なの？」

15　私が養子であることについて、私のプライバシーを尊重してください。私の了承なしに、他の人に言わないでください。

答え：「君と同じだよ。毎日一緒に暮らしている人たちだ」。この答えは、養子が知り合いや赤の他人、その他彼が自分の出自歴を明かしたくない人たちに使うのにふさわしい言い方です。養子の子どもは、安全で適切な状況だと思えない限りは、自分の経験を秘密やほのめかしで隠す必要はありません。

質問：幼稚園の子どもたちが、園庭で輪になっていますが、あなたの子どもを入れてくれません。子どもたちは、「ジルは養子！　ジルは養子！」と嘲ります。

答え：「それが、あなたたちにとって何なの？」とジルは答えて、繋《つな》がれた手の鎖を簡単に解いて、遊びに加わります。

質問：あなたの二年生の子どもの先生が、社会科の授業で、彼の独特な家系図をクラスで話してくれないかと訊きます（子どもはすでに先生に、自分の養子縁組の話をしています）。

答え：「今日は、それを話したい気分じゃないです。○○先生。でも、提案してくれて、ありがとうございます」

子どもに敬意を払うこと

養子の子どもたちは、生物学的にあなたと「異なる」ので、違うと感じています。また彼らは、あなたの家族の一員になったやりかたも違っています。これは人生の事実です——あなたには変えられない事実であり、あなたには修復できない事実です。あなたの子どもは、どう考えようとも、あなたと同じではないのです。それでも、子どもの違いを受けいれて、敬意を払い、価値を認めることと、世界中にその違いを触れ回るのとは大きな違いがあります。

健全な境界線のお手本を示すことは、あなたの養子への、貴重な贈り物になるでしょう。子どもにこう言ってあげてください。

・「あなたのプライバシーを尊重しますよ」
・「あなたの境界線に配慮するわ」
・「あなたが、居場所がないような気がしてつらいときには、私があなたのためにいるからね」

次章では、あなたを驚かすようなことを話そうと思います。ほとんどの子どもたちは、大いに期待して、誕生日がくるのを楽しみにしています……でもこれは、あなたの養子には、あてはまらないかもしれません。

15　私が養子であることについて、私のプライバシーを尊重してください。私の了承なしに、他の人に言わないでください。

16

誕生日は私にとって、つらい日かもしれません。

一九五〇年の八月四日、日差しのまぶしい一日に戻ります。オークランド通りの裏庭で、シャーロン・リーという名の五歳の子の誕生日の準備が、進められています。

それが私です。

パパとママが、ピクニックテーブルを大きな樫の木の下の日陰に動かして、それにカラフルな紙のテーブルクロスをかけています。緑と白の水玉模様のピッチャーに赤いクールエイド〔粉末ジュース〕を注ぎながら、ママの心は養子縁組の日に戻っていきます。私がたった生後一〇日で、両親と暮らすためにここにきたとき、ママとパパはどんなにわくわくしたでしょう。ママは毎年しているように、この日を特別な誕生日にしようと決めていました。娘のために最高のことをしようと。

子どもたちが日曜日のよそいきの服で、それぞれ贈り物を持って、一人また一人とパーティに到着します。子どもたちのクスクス笑いが空中に広がっていきます。ホットドッグとポテトチップスがすぐにふるまわれ、それからケーキの時間です。ママはキッチンで急いで蝋燭に火を灯し、「ハッピーバースデイ・トゥーユー！　ハッピーバースデイ・トゥーユー！　ハッピーバースデイ！　ディア、シェリー、ハッピーバースデイ・トゥーユー！」と歌いながら、外にケーキを運んできます。友だちが一緒に歌います。

ママがデコレーションケーキを、私の前に置くと、私の眼はお皿のようにまん丸に見開きます。それから私は、ピクニックテーブルの椅子から飛び出して、泣きながら裏口に突進するのです。「おかしな態度」、と思われるかもしれません。「いったいどんな子が、あなたの立場になりたくないなんて言うでしょう？　あなたは幸せよ」。

すぐにおわかりになりますが、これはほんの序の口です。

人生の初期にはじまるパターン

前述の反応は、私のその後の誕生日のパターンになりました。その日をすごく楽しみにしているのに、私は説明できない、混じり合った不可解な感情に圧倒されました。毎年私は、すごく楽しみにしていたイベントを結局台無しにしてしまいました。

私と一緒に、早送りで一九六〇年に、思いを進めてください。私は今や一五歳で、両親が私の誕生日に、何をしたいかと尋ねています。パパとママは懸命に、この日を思い出に残る日にしようとしていました。両親は私をすごく愛していたのです。

パーティはイヤ。注目の的になるのはイヤ。その代わりに私は、両親とイーストランシングにある高級レストランにディナーに行くことを選びます。

料理を注文したあと、私は不機嫌モードになります（ママは私のムラっ気をこう表現しました）。両親には私の態度が理解できないし、私自身にもわかりません。家に帰る二〇マイルの道のりは長く、静まり返っていました。

私は、自分が不機嫌モードになったことを、酷《ひど》く申し訳なく思いました。「私、どうしちゃったんだろう？」自分に問いかけます。「私は、なんて恩知らずなんだろう？」

今度は、一九七〇年代へ早送りします。私は、二歳と四歳の小さな子どものいる若い既婚女性です。それは私の二五歳の誕生日のことで、私は両親を家に招いて、一緒にお祝いしてもらおうと決めていました。

両親は、到着したときに、私が以前地元の町の店のウィンドーで見て褒めたパンツスーツを持っていました。

「わぁ、なんて素敵なプレゼントなの！」と、私は感嘆します。

その後、午後になって、夫と父がゴルフをしに出かけます。時間が過ぎるにつれて、私は怒りがどんどん込みあげてきます。「あの人たちは私の誕生日に、どうしてそんな無神経なことができるのかしら？」私は怒りに燃えています。数時間後に彼らが戻ると、私はずけずけと自分が不愉快だと知らせます。ナイフで空気を引き裂かんばかりです！

もちろん、家族は途方に暮れています。両親は、はるばるミシガンからお祝いにきてくれて、私が褒めた服を思いがけなく持ってきてくれ、夫と子どもたちはディナーを計画していました。これ以上何を望めと言うのでしょう？　しかし、私は、贈られたあらゆることにかかわらず、怒りに燃え、粗探しをし、落胆しているのです。

最後に、一九九五年の八月四日に早送りします。その日は私の五〇歳の誕生日——人生の節目です。私はとても興奮して、期待しています。友人たちとパーティをする代わりに、国中の友人からの「カードシャワー（浴びるようにたくさんのお祝いカードをもらうこと）」を注文しました。そうすれば、私は注目の的にならなくてすみます。

夫には金とダイアモンドの「お母さんの腕輪」を頼み、食事は家族水入らずの集いを、気に入りのレストランでしてもらう。贅沢すぎない、ちょうどいいお願いでしょう？

パーティの前、私は一日中不安でした。数週間も前からその日は難しい日になるのがわかっていたので、セラピストの予約をして、ドクターの秘書に私にとって誕生日はつらい日なのだと告げました。「その日に悲しいのですか？」と秘書が訊きます。「誕生日は幸せな日の筈なのに」。「私の何がおかしいのだろう？」と、不思議に思います。「どうして誕生日が、私にとってそんなに不快な日なのだろう？」

予約したカウンセリングは、がっかりでした。私の気持ちを専門家に話しても、私の心の中の大混乱を解決する助けにはならないようでした。

その日の遅く、夫が手配した食事に、家族が集まりました。私は彼らからのカードとプレゼントを開け、神経質で自意識過剰になっていきました。「どうして私は、自分の家族といるのに、神経質で自意識過剰になるのだろう?」自分に問いかけます。

パーティが終わって、夫と私は車で家に向かいます。私は、夫が満足にやってくれなかった、と非難しはじめます。「どうしてあなたは、うわの空なの? どうしてもっと、私に注目してくれないの? どうして? どうして? どうして?」

かわいそうな人。彼は私の願いを全部叶えてくれただけでなく、それ以上のことをしてくれたのに。私は怒りと悲しみと罪悪感を、同時に感じています。

私の誕生日にまつわる話を、紹介するのはお恥ずかしい限りですが、それをすることで、多くの養子が誕生日に経験する、内面の動揺を描きだそうとしているのです。

「まったく知らなかったわ」と、あなたは必ずおっしゃるでしょう。ある養子にとって、どうして誕生日がそんなに大変なのでしょう?

なぜ誕生日がそんなに難しい日になるのだろう

少し戻って、誕生日の概念について考えてみましょう。養子でない人にとって、誕生日は何を象徴する日でしょうか? ほとんどの人には、この世に生まれたことを歓迎されて、それを基にした幸せな時間ですね。バースデイケーキと、パーティと、風船の時間です。

では、養子の誕生日を考えてみましょう。養子の誕生日は、何を象徴する日でしょうか? 誕生日は、養子の最大の喪失を象徴する日、子どもの産みの母と、それまで馴染《なじ》みのあったものすべてを失った日です。誕生日は、誕生の日であるだけでなく、喪失の日でもあるのです。

少し大きくなってから養子になった子どもにとっては、胸の苦しくなるような、別離の日を思いだすのです。子どもが知っていた過去の日々はもうありません。赤ちゃん養子縁組で養子になった赤ちゃんには、喪失は、その子がそれを描写できる言葉を学ぶ前に起こりました。それにもかかわらず、喪失は現実なのです。今現在の誕生日は、子どもに過去の喪失を思いださせる引き金なのです。

ナンシー・ヴェリエは、『原初の傷』のなかで、誕生と同時にもらわれた養子のことを語っています。「多くの養子が、誕生日近くになると絶望的な気持ちになる『記念日反応』があるようです（生母もそれを感じます）。……多くの養子が自分の誕生日のパーティを台無しにすることに、疑問の余地がありますか？　産みの母親から引き離された日を、誰が祝いたいと思うでしょうか？　養子たち自身は、もちろん、なぜ自分たちがそんなことをするのかを、本当に理解したことはおそらく決してなかったでしょう」。

養子を愛している人たちは、誠心誠意、まるで子どもが養子でないかのように、誕生日をお祝いします。それなのに、多くの養子はパーティの真最中に、お祝いの真最中で、自分の心が激しく動揺しているのを感じるのです。養子たちは、自分たちが幸せな筈だとわかっているのですが、ある思いがつきまとって、彼らを苦しめるのです。「産んでくれたお母さんは、僕のことを考えているかなあ。もし一年のうちに考える日があるとすれば、それは絶対に今日だ」。

同時に養子に、社会の養子縁組についてのロマンティックな見方が、重くのしかかってきます。「幸せでいなさい。家族がいることに感謝しなさい。両親をがっかりさせてはいけません」。

このすべてのことに対する、養子の反応は何でしょう？　たいていの場合、子どもは、「よい養子」の役割にスルリと入り込み、他の人たちが期待することに従うのです。ときにはただ泣いて、慰《なぐさ》められたいだけの本当の自分自身を脇に押しやって。あるいは私がしたように、自分の混沌とした感情をぶちまけて、愛情を示そうとしてくれた皆の努力を、台無しにしてしまうのです。

「そうかしら？」と、思うかもしれません。「うちの子がそんな態度を取ったのを、一度も見たことがないもの」。そうかもしれません。それでも、結論を出す前に、専門家——養子たち自身——の話を聞きましょう。そして養子たちが言わねばならないことに耳を傾けましょう。

養子たちは誕生日について何と言っているか

メリー・ワトキンスとスーザン・フィッシャーは、『養子縁組についての幼い子どもたちとの話し合い』で、三歳の子と養母のある情景を描写しています。

「彼女はくるの？　私のあの人はくるの？」と、子どもが尋ねます。

「どの人？」と母親が訊きます。

「わかるでしょ」と、子どもが答えます。「私が、そのお腹のなかで大きくなった人。今日は私の誕生日でしょ？」

「僕は誕生日には、わざと町を出るのです。だって何の注目も浴びたくないから」と、三〇歳の養子の男性が言いました。「そう、僕は生まれた。大したことではないよ。僕は誰の注目の的にもなりたくない」。

「私、誕生日が大嫌い」、トリッシャは支援グループで告白しました。

一〇代を振りかえって、ボブが言いました。「僕は思春期には、誕生日になると居心地が悪い感じがしました」。

ダンは、誕生日はいつもほろ苦いものだった、と言いました。子どものときに彼は、隙間か更衣室のなかにでも住んでいるような気がしていたと言います。誕生日は、産みの母を思いだす時間で、二人の気持ちが通じ合っているように感じました。この考えを養親家族に伝えようとすると、彼らは、彼が言おうとしていることを理解できませんでした。彼はこう告白しました。「誕生日に、養親のために、もっとよい子でいられたらよかったのにと思うよ」。

セーラは一八歳になった日に、産みの母について考えていて、とても物悲しい気持ちになりました。彼女は一日中、「お母さんは何を考えているのかしら」と、思い巡《めぐ》らせていました。

「誕生日は一年中で、一番落ち込む日なの」と、メリンダは言いました。「夫は、いつもそれがわかるの。だって、私が、夜ベッドに横たわって泣くか、お風呂でお湯につかりながらすすり泣くかどちらかだから。産みのお母さんが、今日がどんな日か知っているのかしらと思ったわ」。

コニー・ドーソン博士はこう言います。「子ども時代を振りかえると、私は、自分ためのパーティに招かれていない客のように感じていました。私の体はそこにいましたが、心はそこにいませんでした。私は脚本のなかにいて、それに沿って動いていましたが、そこに気持ちが入っておらず、繋《つな》がっている感覚や生きている感覚がありませんでした。養子縁組の日のお祝いのことが耳に入ると、なぜ身がすくむのか、よくわかりません。私には、新しい家族の一員になることは、もう一つの家族からの別離を意味するのです。これは巨大な板挟みなのです。――一緒になることを祝いながら、同時に別れることを嘆き悲しむのです。そんなこと不可能だと思います」。

「大人になって、私は誕生日パーティを楽しもうと、何度も、何度も、何度も努力してみて、そこに希望がないことを悟り、この数年は自分の誕生日に、自分を楽しませることを実行することにしました。ある年は、友人に、その日を空けていてもらいました。彼女は、私がただ座ってぼんやりしていたいと言っても、私が泣いても、街を出て郊外をゆっくりドライブしたいと言っても、私と一緒にいてくれるとわかっていました。彼女は、単にそこにいるだけで、私を支えてくれるのです。もし、友人たちが私をランチでも……なんでも……連れていきたいと言ったら、誕生日以外の日にそうしました」。

「たくさんの心理療法を受け、四人の孫たちも生まれて、今は、私は、純粋に自分の誕生日を祝えるようになりました。生まれてきてよかったと思えるようになるために、私自身がとても努力しました！」

あなたの養子が、同じような考えや思いを口にしなかったとしても、ここに引用した養子たちと、同じように感じていることでしょう。私がこれまでに会った養子たちのなかで、このような思いと考えに同調できない人たちは、ほんの少数でした。

「どうしてこういうことが、養子縁組についての書物に、書いてないのかしら？」と、不思議に思われるでしょう。よい質問です！　私は、ほとんどの部分が、未知の領域だからだと信じています。おそらく、養子たちがこのことを稀《まれ》にしか、または絶対に話さないので、両親や担当セラピストには、これが問題だとわかる手がかりがないのかもしれません。

養親にできること

悩みのシグナル（合図）を見つけること

ほとんどの養子が、このことを話さないにしても、子どもたちが誕生日に苦しんでいるかどうかを探るための手がかりがあると思います。あなたが探すことのできる、いくつかの徴候としては次のようなものがあります。

- 養子が悲しみと怒りを、同時に感じている。
- 親から見て、養子自身が楽しんでいないように感じられる。
- あなたを喜ばそうと、過剰に努力している。
- 逃げ出して隠れてしまいたがる。
- プレゼントをくれた人たちを批判する。
- プレゼント自体を批判する。

・愛情の表現に、自分が被害者にされた気分になる――どの表現も不十分なので。
・ぼんやりしている（生母について考えている可能性がある）。
・怒りや批判の態度を出したことに対して、自分自身にうんざりしている。
・不安の度合いが、異常に高まっている。
・自分の誕生日の大切さを、軽視する――「大したことじゃないよ」
・誕生日のお祝いを台無しにする。
・抑うつ
・引き籠《こ》もり
・自己否定

もしあなたの子どもがこういう悩みの症状を示したら、これまでの章で学んだ、悩みを承認して慰《なぐさ》める方法で対応してあげてください。でも、問題がないのに問題を探さないでくださいね。すべての養子が、誕生日を過ごすのが難しいわけではないのです。まったく動揺しない養子も大勢います。

ある養子の女性はこう言いました。「ママは、いつでも、全部をとても素敵にしてくれたの。ある年なんて私に、四年生のクラス全員を誕生日パーティに招待させてくれたのよ」。

二七歳のビルは、両親が、養子縁組の日と誕生日の両方を祝ってくれたと言いました。「誕生日が二回あるみたいに感じたよ。最高だった」。

誕生日の特別な儀式を設定すること

ビルは、養母が彼に継続感と所属感を感じられるような儀式を設定してくれたと、語りました。家族全員が出席する特別な夕食。養子縁組の日を「奇跡の日」——養親がビルを、自分たちの子どもとして、家に連れ帰った日——として祝うこと。

あなたの子どもが、この入り混じった感情を処理するのを助けるのに、あなたに考えられるもう一つの方法は、誕生日に「嘆きの箱」を棚からおろして、もう一つの品を足すことです。多分、バースデイ・キャンドルがいいでしょう。子どもが、自分の感情に触れるのを助けるために、第二部五章で説明した、すべての感情を検討します。それから、嘆きの箱を、次に必要になるまで棚に置きます。もし嘆きの箱を使うのが適切でないように思ったら、子どもの人生ブックを取り出して、あなたが子どもに書いた歓迎の手紙を子どもに読み聞かせながら、第一日目から辿るのもいいかもしれません。

質問をすること

子どもの特別な日とその少し前から、子どもに質問をします。「お誕生日に、あなたは何をしたい？」「お誕生日が近づいてくるのって、どんな気持ちがする？　養子のなかにはその日に悲しくなったり、怒ったりする子もいるのよ。そんなふうに感じたことある？　もしそうだったら、そのことを私たちに話していいのよ。私たちは、あなたがまぜこぜの気持ちを整理するのを、理解して助けられるように最善を尽くすからね」。

子どもに格別の注意を払うこと

子どもをなだめる方法を、いくつか考えてみてください。背中をさすられるのが好きなら、そうしてあげてください。子どもたちは、緊張で興奮している身体を鎮める必要があります。寝るときのお決まりの儀式に、何か加えることも、気持ちをなだめます。——お話をもう一つ、マッサージ、常夜灯、どんなよい夢を見たいか一緒に考える、または、好きな音楽を聴くなど。

あなたの子どもが、誕生日をどう扱うかを予測する、確実な方法はありません。それでも、少なくともあなたは、子どもが口にしないニーズを抱えている可能性に、もう敏感でしょう。

養子に無数の感情と経験をもたらす問題が、他にもあります。それは、自分の診療記録を完全には知らないことです。この課題を次章で検討しましょう。

17

自分の診療記録を完全に知らないことは、ときには、苦痛の種になります。

数年前、私は友人に、自分の完全な診療履歴を知りたいと望んでいる、と話したことがあります。私は、自分の誕生と診療履歴を知らないことに恥ずかしさと欲求不満を感じる、多くの養子たちのうちの一人です。一本の木に絡んで成長したつる植物のように、この二つは、まるで分けがたく、絡み合っているように思えました。どこで一方が終わって、もう一方がはじまるのか、私にはわかりません。

「どうして生まれたときのことを、詳細に知りたいの?」と友人は尋ねました。「私も自分の生まれたときのことは詳しく知らないけど、全然気にならないわ」。

多くの養子が持つこのニーズは、養子でない人たちには、同調できないでしょう。しかし、養親や医師や精神保健の専門家が、このことに気づいているというのが非常に重要です。なぜならこのことは、子どもの養子、思春期の養子、大人の養子を理解するうえでもう一つの鍵になるからです。養子にとっては、年齢にかかわらず、自分の誕生や診療履歴を知らないという冷たくつらい事実が、自分の存在の苦痛に満ちた一面となり得るのです。

マーゴを例に取ってみましょう。三〇代半ばの養子で、二人の小さな子どもの母親です。前回、産科婦人科に行ったときに、子宮に緊急の検査を必要とする前癌性の異常が見つかりました。医師は彼女の診療履歴を知ることが欠かせないと言いました。

仲介者を通じてマーゴの生母に連絡が取れ、マーゴの状況が伝えられました。生母は以前に連絡した際には冷淡だったのですが、マーゴは、この緊急事態を考えて、最善を期待していました。

彼女が酷《ひど》く落胆したことには、生母が協力を拒んだのです。「どうして彼女は、あんなに思いやりがないのでしょう?」マーゴはすすり泣きながら訊きました。「私の命にとって、とても基本的な、とても必要なものを、私に渡さないなんて。この情報を知るのは私の権利です。ここで話しているのは、私の命なの。彼女はどうして私や私の子どもたちに、こんなことができるの?」

次の例です。四〇代半ばの養子のマーティは、定期的な採血の途中で発作を起こしました。救急救命室の台車付きの担架の上で目覚めて、自分の病状を知らされたときに、彼が最初に思ったことは、「産みの家族に、癲癇の病歴があったのだろうか」と、いうことでした。

神経系の一連の検査が行われて、MRIでも顕著な問題なしとわかっても、マーティは恐怖心に囚われています。「どうしてこんなことが、僕に起こったのだろう? またこんなことが起こるのだろうか?」

第三の例。大学院生のハリーは、八年以上も、自分が生まれた病院から誕生時の記録を入手しようと働きかけています。彼のうつ病の治療をしている精神科医は、彼の病気の治療と予後に対しての誕生時の情報の重要性を説いた、情報提供を求める手紙を二回も送っています。検認裁判官が許可を出しているにもかかわらず、病院の記録管理者は、繰り返し情報開示を拒否しているのです。なぜ管理者がそんな権力を持ったり、権力を行使したりするのかは誰にもわかりません。

診療歴を知らないことの問題は、また、幼い子どもたちやその養親にも影響します。フランキーが八歳のとき、母親は、彼が補聴器と眼鏡をしないといけなくなるだろうと医師たちから言われました。「学校で一番前の列に座るのはイヤだったよ」と、フランキーは嘆きました。

フランキーが大きくなるにつれ、この不可思議な症状は進行しました。足が長くなってX脚になりました。話すときに舌が「邪魔して」、ある音の発音ができなくなりました。フランキーの両親は心配でしかたがありませんでした。

医師たちは、産みの家族の既往歴がわかれば、診断を下して治療するのがもっと簡単になるのだが、とずっと言っていました。このことで、産みの家族探しがはじまり、今も続いています。フランキーは、今二〇代半ばで、珍しい形の関節炎でずっと車椅子生活を続けています。彼が大人になるに従って、養親は、彼にできる限りの最善の治療を受けさせていますが、産みの家族の既往歴がわからなければ、特定の予後はわからないのです。

二歳の女児の養母は、すでに入手した血縁の家族の既往歴の価値について、こう述べました。「娘の診療歴と誕生について知ることは、年を経るごとにさらに重要になっていくでしょう。私はすでに何回か参照してきました。この記録は、生母についての詳細な情報を与えてくれます。髪質や体重、

17　自分の診療記録を完全に知らないことは、ときには、苦痛の種になります。

身長、生理がいつはじまったか、生理痛があるかどうか……こういうすべてのことが、娘に将来どんなことが起こるか、私が予期する助けになります」。

幼い養子たちには、はじめて医師に診てもらうときに、病歴がないということが自然に持ち上がります。医師が尋ねます。「〇〇の病歴がありますか？」小さい養子は神経質に下を向いて、養母が彼を養子としてもらったことを打ち明けるのを聞いて、恥ずかしそうにしているかもしれません。子どもが大きくなるにつれて、この質問を受けるたびに、さらなる精神的打撃を受けるのです。この影響は次第に増加します。

コリーン・チルストロームは、『アンドリュー、あなたの死は早すぎた』で、大学入学のために健康診断を受けたほんの数日後に、自殺を図った息子の苦しみを語っています。コリーンは言います。「医師が書き入れられなかったのは、アンドリューの診療歴でした。不明──養子、と空欄に殴り書きされていました。これが、医師に──あるいは私たちに──できた精一杯のことだったのです。この病──失ったアイデンティティーという病の治療法はありません。アンドリューはそれを嘆いていました。アンドリューは、そのために死にました。彼にとって、それはブラックホールのように感じられたのです」。

私は、あなたを怖がらせるために、アンドリューの例をお話ししているのではなくて、同じニーズを持った養子のために代弁しているのです。養子のコニー・ドーソンは、こう言います。「このニーズは、私についてまわるだけでなく、私の子どもたちにも影響するのです。大きくなった子どもたちは、『母は養子。既往歴情報なし』というような目立つやりかたで、自分たちの問診票に記入しています。こういう情報を入手する必要性があることに、人々の注意を喚起できるように願いながら。そして、私が養子になったとき、もしその情報が入手可能だったなら、私は誰か産みの家族のメンバーに連絡を取りたかったです。そうすれば、情報を更新できたかもしれません」。

三一歳の大学の牧師のステファンは、こう言います。「問診票を記入するたびに、自分は他人と違うのだと気づかされます。自分の血族に、高血圧や心臓病、癌や他の病歴があるかどうか知らないなんて、酷《ひど》いことです。医者たちが養子のための問診票をつくっていないのは、僕には残酷な仕打ちに思えますね。保険会社に〝自分の既往歴を知っていますか〟というような質問書をつくってもらうのは、そんなに無理なお願いではないでしょう。さもなければ、僕の尊厳を守り、独自の出自を尊重して欲しい」。

病院や地方裁判所や生家の親族から、医療情報の提供を拒絶されると、養子は自分が悪い子で、手をぴしゃりと叩かれたように感じるか、何に対しても権利のない大人のように感じるのです。私自身と仲間の養子たちの欲求不満を表現するために、以下の「養子の権利章典」を書きました。

養子の権利章典

私には、困惑を感じる権利がある。

感じないわけがないです。なぜなら、私には二組の両親がいて、そのうちの一組は、秘密に覆われているのだから。

私には、捨てられ、拒絶されることを、怖がる権利がある。

17　自分の診療記録を完全に知らないことは、ときには、苦痛の種になります。

なぜなら、私は最も親密にしていた人から、捨てられたのだから。
私には、苦痛を認める権利がある。
なぜなら、あり得る限り幼いときに、一番の近親を失ったのだから。
私には、悲嘆にくれる権利がある。
なぜなら、社会では私以外の誰もが、強烈な感情を認めているから。
私には、自分の感情を表現する権利がある。
なぜなら、私の感情は、養子縁組の日以来、閉ざされてしまったから。
私には、私の病歴について、どんな情報も尋ねる権利がある。
なぜなら、これは私の身体で、私の履歴で、私の子どもたちにも、
またその子どもたちにも影響を与えるから。

養親にできること

養子にとって自分の過去と家族歴に足りない部分があることを思いだすのが苦痛だとわかったら、養親と専門家には、養子が慰《なぐさ》めを見出すことを援助するいくつかのやりかたがあります。

引き金になる点を知っておくこと

まず第一に、診療履歴に関して、何が養子の引き金になるかを学ぶことです。学びはじめるために、

いくつかの例を示します。

・健康診断（学校に行く前の検査、大学入学や、結婚するときの検査）。養子は変化があるときに感情的に脆弱になり、ほんの小さいこと、例えば自分の病歴を知らないことを気づかされると、それで「我慢の限界を超える」状態になり得るのです。

・医療的な危機。養子は、生まれた家系に何か遺伝的な病があるのではないかと、始終考えがそちらに向かうようになります。「皆癌があるのかな？」「何で死んだのだろうか？」「何歳まで生きていたのだろうか？」

・学校での血液型検査。養子は産みの母と父の血液型は、何型だろうと考えるかもしれません。

・病気。養子には、産みの家族からの遺伝かもしれない、特定の病状が出てくるかもしれません。こういった状況のとき、養子は再び自分の出自歴の一部が欠けていることを思いだすのです。養子は、自分が養親家族を、失望させているように感じるかもしれません。

養親と医師は、養子の人生で、しばしば診療歴がないことが苦痛になる時期を敏感に感じとって、子どもの困難をわかって認めてあげることで、援助することができます。

あなたの子どもの現実を承認すること

養親は、

17　自分の診療記録を完全に知らないことは、ときには、苦痛の種になります。

・「養子の権利章典」を共有して、子どもが「被害者」状態から抜け出るのを助けます。章典に表されている考えと感情のなかで、子どもが自分にもあると思えるものについて、なんでも話すように励まします。
・子どもの毎年の健康診断のときに、「もし私が養子だったら、健康診断はつらいと思うわ。健康診断のときは、産みのお母さんが誰かわからないことを、もう一度思いだしてしまうから。そんなふうに考えたことある？」と言います。
・養子である独自の過程について、堂々と主張し、自信をもってよいことに気づかせます。自分の履歴や、その欠けている部分など、必要なら率直に語るのを、気楽に感じるよう励まします。

医師は、
・最初の受診のときに訊くべき質問があります。「あなたは養子なの？」養子が肯定的に答えたら、医師は、この部分が養子の身体的、精神的な健康の鍵となる課題だと認識して、話題を進めます。

セラピストは、
・初回面接で訊くべき質問があります。「あなたの家族に、養子縁組の履歴がありますか？」続けてこう訊くのもいいかもしれません。「あなたの物語を話してください。養子になったときは、何歳でしたか？　どこで生まれたのですか？　家で、養子になったことをよく話しますか？」

・小さな子どもなら、一緒に床に座って、大きな紙に養子縁組の絵を描いてくれるように頼むことができます。それから、子どもにその絵について説明してもらいます。

自分の血族の既往歴を完全に知らないことが、あなたの子どもにとって苦痛に満ちた問題かどうか、誰にわかるでしょう？　そうでないかもしれませんね。ただ、ある養子たちにはそうなのだ、ということを憶えておいてください。あなたの子どもが苦労しているかもしれないときに気づくことで、あなたは子どもがつらい気持ちを処理するのを、手伝うことができます。

ある養子たちにとって完全な既往歴がないことが、いかにつらいかについて話してきましたから、今度は、多くの養子がしばしば抱くものの言葉にできない恐怖について話を進めましょう。

17　自分の診療記録を完全に知らないことは、ときには、苦痛の種になります。

18

私は、あなたの手に余る子になるのではないかと、怖れています。

この章を書きはじめながら、私が子ども時代気に入っていた本の一つ、マーガレット・ワイズ・ブラウンの『ぼくにげちゃうよ』を思いだしています。この本は、養子の隠された恐怖感の一つ——自分は手に余るようになるのではないか——を描きだしていると信じています。

物語は赤ちゃんウサギと母ウサギの対話で、赤ちゃんウサギが、「僕、家出しちゃうよ！」と、宣言するところからはじまります。

「あなたが家出したら、私はどこまでも追いかけるわよ。だってあなたは、私のかわいいちっちゃな子ウサギですもの」と、母ウサギが答えます。

「僕のあとを走って追ってくるなら、」と、赤ちゃんウサギが言います。「僕は鱒のいる川のお魚になって、泳いでお母さんから逃げちゃうよ」。

「あなたが鱒のいる川のお魚になったら、私は漁師さんになって、あなたを釣ってあげるわよ」と、母ウサギは愛情をこめて答えます。この本には、川の深いところに長靴で立ち、腕に魚籠をかけて、釣り糸の先に人参の餌をつけた釣竿を手に持っている母ウサギの挿絵があります。

物語は、赤ちゃんウサギが遂に走るのをやめて、こう言うまで続きます。「僕は結局今いるところにいて、お母さんの子ウサギでいる方がいいや」。

養子たちのなかには、この赤ちゃんウサギにとても似ている人たちがいます。彼らは養親にいろいろなやりかたで、「僕、家出しちゃうよ」と言うのです。

「この家出したい衝動は、どこからくるのかしら？」と、あなたは不思議に思われるでしょう。「どうやったら私は、母ウサギみたいに、子どもに対する献身で常に安心させて、恐怖心をなだめてあげられるの？」

自分は手に余るのではないかという恐怖心をあなたが理解できるように、養子でもあり養子縁組界の専門家でもある方のお話を聞いたときに、私が体験したことをお話ししましょう。

自分は手に余るのではないかという恐怖心

そのカウンセラーは、彼女のクライアントの一人である養子の物語を話してくれました。その子の養親は、疲れて限界にきていました。養親は一〇代の娘の心に触れるために、知っていたあらゆることをやってみましたが、それでも娘は、反抗し続けていました。彼女の築いている壁は、どんどん高くなっていっているようでした。何年にもわたるカウンセリングは、助けにならなかったようで、成熟に向かって進んでいくのではなく、反逆の状態に留まっていました。特別な愛着と絆形成センターでの専門的な介入が、娘が女子少年院に入れられる前の最後の手段でした。

カウンセラーは、その日の一〇代の娘の、身体での意思表示を表現してくれました。椅子にふんぞり返り、腕を組んで唇を固く結んで、眉間に皺を寄せ、彼女は暗にこう伝えていたのです。「逃げ出すわよ。追いかけて、摑《つか》まえてご覧なさい」。家出する子ウサギと、少し似ていると思いませんか？

訓練と個人的経験によってだけ、身につけられる賢明さと共感を湛《たた》えて、そのカウンセラーは急所をつきました。

「それで」と、彼女は無頓着なようすで言いました。「あなたはどのくらいの間、手に余る子どもだったの？」

少女は質問に驚いて、おずおずと答えました。「長い間、と、思います」。

カウンセラーはそれから、自分も養子として抱いていた、同じような気持ちを話しました。そして、ときとともにセラピーは成功し、同様に両親との関係も築けました。

カウンセラーは、いったいどうやって、あのうず高く築かれた壁を崩したのでしょうか？　彼女はなんて言えばよいかを、どうやって知っていたのでしょう？　私は、そのカウンセラーが、養子を苦しめている無意識の思考を、知っていたのだと信じています。「もし私の感情が強烈すぎたら、私は手に余るだろう。……そうなったら私はどうなるのだろう？　私はまた捨てられてしまう」。

また彼女は、子どもたちが、愛情と結びついた強さと勇気を尊敬するということも、知っていました。彼女は、子どもの急所をついたときに勇気を示しました。それでいながら、自分自身の経験を話したときには愛情と慈しみの気持ちを表現しました。

このエピソードで、カウンセラーとして登場するコニー・ドーソン博士は、自身の信念をこう記しています。「もし養親に強さがなく愛情を持った誠実さがなかったら、私（養子）は養親を鍛えようと彼らを手荒く扱うかもしれないし、私自身が強く、誠実になるためには何を知る必要があるかを私に教える術を彼ら（養親）が持っていると信頼することはないでしょう。私が知らなければならないのは、私は手に余るような子どもではない、ということなのです」。

コニーがこの話をするのを聞いたとき、涙が流れはじめましたが、私にはなぜだかわかりませんでした。今はわかります。私も、自分が手に余る子どもではないかと怖れていたのです。あるとき、養子仲間の友だちの一人から、彼女の精神科医に、「あなたのために、できる限りの手を尽くしたから」といって他の医者を紹介されたと聞いて、私はすぐに、自分のカウンセラーとの関係に考えが行きました。八年も通っている人です。もしも、私のことはもう自分には限界だ、と言われたらどうしよう？　もし私が手に余る患者だからと、誰か他の人に紹介されたらどうでしょう？　私は、もう一度捨てられたような気持ちになるでしょう。考えたら、パニックに襲われました。

次のカウンセリング中に、私はどもりながら訊きました。「私は手に余る患者ですか？　もう打つ手がないと思って、他のセラピストを紹介しようと考えたことがありますか？」

彼は何が起こったのか理解すると、こう言いました。「いいえ……あなたは手に余るなんてことはありませんよ。あなたには私の患者でいて欲しいですね」。彼はこう約束して、私の恐怖心を取り去ってくれました。

18　私は、あなたの手に余る子になるのではないかと、怖れています。

「本当に？」私は涙をこらえて言いました。

「本当に」と、彼は言いました。「私は、あなたのために、ここにいますよ」。

今この出来事を振りかえると笑ってしまいますが、このときの恐怖感で、私は防御の壁を、何年にもわたって完璧に保持していたのだと、納得したのです。

強烈な感情から逃げ出す傾向

ちょうど赤ちゃんウサギが、反抗的に「僕家出しちゃうよ」と、宣言したように、養子の多くは、ほぼ毎日さまざまなやりかたで、同じことをしていると信じています。キィス・リーバーはこう言っています。「怒り・恐怖・羞恥・悲しみは、四つの基本的な感情です。子どもは傷つくと、悲しみを感じます。悲しみを感じると、自分は弱いと感じ、そして自分がまた傷つくのではないかと怖れます。恐怖感も、自分を弱いと感じさせます。それで子どもは、自分の恐怖心を怒りや激怒で覆《おお》ってしまうのです。子どもが自分の過去を処理するのを助けるためには、叱られたり嘲《あざけ》られたりされずに、気持ちを自由に表現しなければなりません。そうすれば子どもは、もし何か強い思い（彼を押しつぶすおそれのある思い）を感じたときには、ママがそこにいて彼を愛し、彼を世話してくれるのだ、ということを学びます。それによって子どもは、人を信頼することを学ぶのです」。

結婚生活や、友情、カウンセリングのセッションのいずれの場合も、多くの養子は強い感情から逃げ出します。養子たちは、（感情的な意味で）嵐の中心に近づき、それから反対方向に走ります。

ロナルド・J・ナイダム博士は、『放棄と親密』という題の論文で、二〇年間の結婚生活が破綻しそうになってカウンセリングにきた、養子の男性について書いています。「自分でも理解できなかった理由で、彼は妻に〝愛している〟という言葉をほとんどかけなかったのです。この数年間は、彼は二八歳の秘書と、ちょっとした恋愛関係にありました。月日が経つうち、この疑似的恋愛は深まりました。彼は秘書に対する自分の感情に興奮もし、恐怖も感じていました。そして、どうして自分の結婚生活があまり意味がなく思えるのか、に当惑していました。何ヶ月も結婚カウンセリングは、どこにも解決の糸口が見出せませんでした……遺棄と養子縁組の物語が持ち上がってくるまでは。この物語の力に何年も抵抗した挙げ句に、この男性は、黄ばんだ四一年前の養子縁組書類を持ってきました。そこには、当時二八歳だった生母の、身体的特徴が記されていました。この描写は彼の秘書の特徴に一致すると言ったとき、彼は突然気がついて号泣しました。泣きながら彼は尋ねました。『なぜお母さんは、僕を愛してくれなかったのでしょう？』」

サポートグループで、グループの正直であからさまな体験共有が、あまりにも多くの強烈な感情の引き金になるからという理由で、たった一回しか会うことのなかった養子が何人いたか数えられません。その人たちは、自分たちの感情を表現して次に進むよりも、二度とこないことを選択したのです。彼らは自分自身の感情の強烈さを怖れたのです。荷が重すぎると感じたのです。

最近妻と離婚した二七歳の養子の男性が、人間関係から逃げ出してしまう自分の傾向をこう表現しました。「彼女は本当に素晴らしい女性です。あれ以上は望めませんでした。離婚は彼女の問題ではなく、僕の問題です。僕は、誰であれ、自分に近しくなりすぎる人に耐えられないのです」。

グループの他のメンバーが、それはどんな気持ちなのかと質問すると、彼は言いました。「窒息しそうな気がして、ここから出ないといけないと思うんです」。

養子は、解離症状を起こすことで逃げ出すことがあります。彼らは感情的にそこから立ち去って、苦痛から離れているのです。まるで傍観者のように、トラウマ的出来事が起こるのを見ているのです。

私個人は、最終的にゲシュタルト・セラピーのトレーニングを受けた人を紹介されるまでに、三人のセラピストにかかりました（ゲシュタルト・セラピーとは、その教育を受けていない私の頭で理解したところでは、セラピストがあなたの足を火の上にしっかりかざして、あなたに感情を感じさせるセラピー、ということです）。彼女は解離を見つける達人でした。私が感情的にその場から離れると、いつでも彼女は見抜きました。「今、どこに行ってたの？」と、彼女は言うのです。彼女に助けられて、私は強い感情から解離せずに、直面してそれらを感じることを学びました。その結果、私はかつてないほど、感情面で健全になりました。もう私は強い感情を怖れません。むしろ成長の機会として、歓迎しています。

養親にできること

養親としてあなたは、子どもが強い感情から逃げ出さずに、それを言葉にして、癒しを見出すのを助けることができます。

防衛的な行動を見つけること

防衛的な行為は、子どものなかで、何か対処する必要があるという合図です。ある特定の話題になると、子どもは「なんでも持ってこい」的行為に出ますか？　つらい話題で、あなたが子どもと対話するときは、子どもはどんな行動を取りますか？　引き籠《こ》もって、不機嫌ですか？　宙を凝視して、おそらく――解離することで――自分のなかの安全な場所に、逃げ込んでいるのでしょうか？

手に余る子どもである恐怖について一〇代の少女と対峙したセラピストと同じように、そのときがきたら、この恐怖感について子どもと話し合うことを、怖れないでください。こう訊いてください。「手に余る子になるのが、怖いと感じたことはある？」また、子どもがもし解離したら、その足を火にかざしてください。「今、何を考えているの？」あなたの質問と子どものニーズに対する感性で、子どもは、自分の養子縁組の問題が、深いレベルで確認されたと感じるでしょう。

子どもの恐怖心を中和すること

あなたが、子どもの基本的なニーズを見つけるのに熟達していること、そして子どもに永久に関わるということを、態度で示しましょう。考えつく限り多くの独創的なやりかたで、「私はあなたのためにここにいる」と、言ってください。まもなくあなたの子どもは、赤ちゃんウサギのように、強い感情を感じると、あなたのもとにくるようになります。あなたは、母ウサギのように、いろいろな状況で、あなたと子どもとの関係が「永久だ」と、子どもに気づかせてください。

次章では、恐怖が養子の人生に、別の形で出現するかもしれないこと、そのときに、あなたがどうやって持ちこたえて、子どもに賢明な対応をする必要があるかについて、お話しします。

19

私が恐怖心をとても不快なやりかたで吐きだしたときには、粘り強く私と一緒にいて、賢明なやりかたで応えてください。

養子になった子どもたちには、怒り・憎しみ・激怒・寂しさ・敵意のような「不快な」感情を、自由に表現する許可が必要です。でも、不快な感情は許されても、不愉快なふるまいは許されないということを、学ぶ必要があります。

一部の養子たちは、感情が負担になりすぎると感じたときに、破壊的な行動でその感情を吐き出すことを選びます。ある子どもは家に火をつけたり、義父のあばら骨を折ったりします。他の子どもは自殺を試みたり、人を殺そうとしたりします。そういう養子たちの心に触れることのできる唯一の方法は、専門家の介入です。極端な、あるいは破壊的なやりかたで行動する養子たちは、多くの養子たちに共通の矛盾した感情だけでなく、深刻な愛着問題に苦しんでいます。

どんな場合でも、養子は、あなたがいつもその子のためにそこにいると――いつもその子を愛していると――知る必要があるのです。それは、どんな養子の耳にも響く、音楽のようなものです。あなたが、言いすぎることはありません。子どもはそのことを決して、聞き飽きることはないでしょう。でも、ときとして養親が犯す間違いを、犯さないでくださいね。そういう養親は、ひとたび自分たちの子どもに、繊細な対応を必要とする〝特別なニーズ〟があると知ると、子どもを腫れ物に触るように扱いはじめるのです。効果的な躾《しつけ》はなされなくなります。賢明な子育ての代わりに、甘やかしたり、憐《あわ》れんだり、両親への子どもの巧みな操作に屈服したりしてしまうのです。

例えば、ローラの両親は、極端になんでも許していました。限界線の設定――何がよいことで、何が悪いことかのはっきりした教育――が、ほとんどありませんでした。ローラは、自分の行為の結末の体験を、ほとんどしたことがなかったのです。彼女が盗んだ服を自分で返しに行くことも、落第した授業をもう一度取り直すことも、強いられたことはありませんでした。彼女の両親は、こういうことを愛情と同一視していました。彼女の父親は、娘の成長期に、おしりを一度しかぶったことがないと、よく自慢していました。

ローラの両親の自由放任の躾の背後には、彼女への憐れみと、彼女を傷つけることへの怖れがあったと私は信じています。それに加えて、ある種の間違った罪悪感――「血の繋《つな》がらないこの子を躾けるなんて、私がしてよいことなのか?」という心の囁《ささや》き――が、あったのではないでしょうか。躾をしないと、自分が本当に家族に所属していない私生児のように感じる子どもになってしまう、ということを、彼女の両親は知らなかったのです。

年月が経つにつれ、ローラの、生母からの離別の喪失感を取り巻く癒えていない悲嘆と、効果のない子育てとが相俟って、コントロール不可能の子どもをつくりあげてしまいました。彼女が一七歳の

19　私が恐怖心をとても不快なやりかたで吐きだしたときには、粘り強く私と一緒にいて、賢明なやりかたで応えてください。

とき、彼女はどんな親でも怖れていることを、発表しました。「ママ……パパ……私、妊娠したの」。もちろん、あらゆる養子の子どもが抑制不可能というわけではありませんし、躾が難しいわけでもありません。しかし、第一日目からの養子とのやりとりで、養親が習得すべき基本的な技術があるのです。

不愉快な行動にどう立ち向かうか

自分を押しつぶす感情を口で表現することは、まったく構わないということを、子どもに気づかせてください。構わないだけでなく、子どもが健全で人格的に統合していくには、感情の表現は必須です。しかし、あなたの子どもに、自分を表現する許可を与えると同時に、不愉快な行動自体は無益だと教えてください。彼女の感情を認めてあげても、あなたの家での主導権を持たさないでください。むしろ、愛情深く、強い親でいてください。そうすることで、彼女が自分の矛盾する感情から抜け出せなくならずに、情緒的な成熟へと向かって成長し続ける助けになるでしょう。

フォスター・クライン博士が、一般的な原則を提言しています。「両親は、子どもの〝好きな〟、または〝よく使う〟不幸せな感情を、認めてはいけません。それは多分使われすぎなのです」。クライン博士の心理療法のセッションのなかの一つの記録が、この原則を描きだしています。

ステファニーは、気分の変わりやすい、三分の二は不幸せで三分の一は不機嫌な、小学五年生です。彼女は普段、下唇を突き出して歩きまわっている、とてもかわいい女の子です。彼女の両親は離婚していて、治療中に、母親が突然、自分がステファニーの不機嫌さを助長していることに気づいたのです。実の両親が、それぞれ新しいパートナーを連れて、セッションに参加しています。（T：セラピスト、F：父親、S：ステファニー、M：母親）

T：「このグループでは、どなたも気づいていないと思いますが、皆さんは完全に、このお嬢さんを心配しすぎています。彼女が泣きだすたびに、あなたがたご両親は、まわりを見回し、苦しそうな顔をします。それから、手を伸ばして、何が問題か探しはじめるのです。あなたがたが問題を探せば探すほど、問題が深くなっていきます。私の言っている意味がおわかりですか？」

F：「セッションを通してそういうことをおっしゃっているので、私は、それをよく考えてみています。よい例をご紹介できると思うのですが」（ステファニーに向かって）「わかるだろう、ハニー、僕が君に電話をするとき、いつでもまずこう訊くよね。『調子はどう？』それで、いつも君はこう言う。『まあまあ、いいわ』。それから、僕が言う。『どうして〝まあまあ、いい〟だけなの？』それからいつものお決まりの繰り返しになる。ハニー、僕はもうあんなゲームをしたくないと思うんだ」

S：「ゲームじゃないもん！」（下唇を三分の二突き出して言う）

T：（ステファニーに腕をまわして、笑いながら）「違うよね、ステファニー、ゲームじゃないね。君にはそれが生き方なんだ」

19　私が恐怖心をとても不快なやりかたで吐きだしたときには、粘り強く私と一緒にいて、賢明なやりかたで応えてください。

S：（半分にっこりして）「ゲームじゃないわ」
T：「ええと、君のパパは、このことについて、かなりわかってきていると思う。君もよく考えてくれるかな」

この時点でステファニーは、母親の方を見やります。母親はセッションに参加していて、顔に三分の二ほど苦痛の表情を浮かべて聞いています。突然、ステファニーが涙を浮かべます。

M：「悪く思う必要はないのよ、ステファニー。私たちはあなたのことを、悪く言っているわけではないの。私たちはただ、あなたの行動と、それに対する私たちの反応が、あなたによくないことがあるって話しているだけなの」
S：（静かに泣きはじめる）
M：「これからうまくいくようになるわよ、ハニー」
T：「ジューン、今あなたは、いったい何をしたのですか？」
M：「ええと、私は彼女を安心させて……」
T：「彼女を安心させる……？　あなたは、このお決まりのパターンを強化しているのですよ。この子に〝全部うまくいく〟と言い聞かせる理由はありません。彼女が自分で、うまくいくかどうか、知らなければならないのです。彼女は、私たちが皆、彼女を愛していると知っていますよ」（ステファニーに向き直って）「ステッフ、いい子だね、泣き止むか部屋を出るか、どちらかにしなさい。しっかり気持ちを立て直したら、戻ってきていいよ。どっちにしたい？」

S：「気持ちを立て直す」

T：（微笑《ほほえ》んで、もう一度ステファニーに腕をまわして）「素晴らしい！　その答えが聞けて嬉しいよ。君の笑顔が見られて幸せだ。やぁ、下唇を引っこめた顔。そうしてくれて、すごく嬉しい」

S：（セラピストににっこり笑いかける）

M：「あー、やっとわかってきました」

養親にできること

あなたの子どもは、「自分は誰なのか、どのようにこの家族に適応すればよいか、どのようにふるまうべきか、そしてあなたの子どもになるとは、どういう意味なのか」についての手がかりを求めて、あなたを頼みにしていることを、憶えておいてください。子どもが不愉快なやりかたや破壊的なやりかたで行動したときでも、子どもにはあなたにしてもらう必要がある、次のようなことがあります。

・自信のある親でいてください

私の人生に不可欠なあなたの役割を、試すかもしれません。あなたは私の本当の親ではありません。私があなたを試したときにすぐに負けないように、あなた自身の癒えていない悲

19　私が恐怖心をとても不快なやりかたで吐きだしたときには、粘り強く私と一緒にいて、賢明なやりかたで応えてください。

しみの問題を解決しておいてください。

・お互いに愛情ある関係でいてください

私は、両親がお互いに愛情を示し合うことを求めています。私よりも、二人の関係を優先してください。そうすると私は、安全感が得られます。あなたがたのどちらかを操作して、あなたがた二人のお互いの愛情の代わりに私に愛情を向けるように仕向けさせないでくださ い。

・二人は共同戦線を張ってください

私のせいで、躾《しつけ》のしかたを争わないでください。意見の不一致は、あとで別の部屋で話してください。あなたがた二人の間に、私を割り込ませないでください。そうすると、家族というシステムのなかでの私の力が強くなりすぎて、そうなると混沌や喪失体験に対して、自分は傷つきやすい、と感じるだけなのです。

・私に選択させてください

自分で自分のために考えることを、教えてください。これは私の人生で、私の選択の責任は私にあるということを思いださせてください。私は過去との繋《つな》がりで、欠けている部分があるかもしれませんが、そうであっても私には全人格的な人間に成長する責任があるのです。

・選択の結果から学ぶ自由をください

私が失敗したときに、私のために言い訳をしないでください。私には、自分自身の行動の責任を取ることを、学ぶ必要があるのです。私が近所の人のクローゼットから服を盗んだときに、私のために電話をして謝らないでください。または寝過ごして学校に遅刻したときに、私のために言い訳しないでください。もし私が、自分の行動は自分に責任があると学ばなければ、私はかわいそうな被害者という心の設定にしがみついて、永遠にそういう行動を取るでしょう。

・怒ったままで私の躾《しつけ》をしないでください

怒っているときに私を躾けたり、嘲《あざけ》ったりしないでください。感情のコントロールができるまで待って、それから、感受性と共感をもって、私を扱ってください。躾のあとには、あなたが私をとても愛していて、いつでも私のためにいることを示して、私を安心させてください。そうしてもらえると、私がもう一度捨てられてしまうのではないかという恐怖感が軽くなり、人間はお互いに失望することはあっても関係性は揺るがず続くことを、示してもらえるのです。

最後に検討するテーマは、養子が産みの家族を探すことをどう扱うか、ということです。あなたがその考えを脅威に思われるなら、この次の情報は、あなたを勇気づけると信じています。

19　私が恐怖心をとても不快なやりかたで吐きだしたときには、粘り強く私と一緒にいて、賢明なやりかたで応えてください。

20

たとえ私が生まれた家族を探そうと決断しても、私はいつもあなたがたに私の親でいて欲しいのです。

養子縁組の当事者（養子・養親・産みの親）で、探索と再会の過程に伴う心理的問題は、多面的で強烈です。「竜巻を猛スピードで追いかける」という言い方が、この過程に伴う力学を、うまく表現しています。

養子はしばしば、磁石に引きつけられるように、そのスリルに惹きつけられます。生母はその渦中に入って、失った我が子の顔を見たいかもしれません。でも養親は秘《ひそ》かに、それがすべて消えてなくなって欲しいと、願っているのです。

養子縁組に関わった人なら誰でもそうなるように、子どもが産みの親との再会を考えると、養親は、無数の矛盾する感情を経験することになります。作家で講演者のマリリン・メバークは、著書『むしろ笑っていよう』のなかで、養子の娘が産みの親を探したいと願いを告白したときに、彼女と夫が経験した感情について次のように表現しています。「私たちは即座に、そうしたいなら調査すべきだし、私たちが助けになることがあればなんでもする、と断言しました。それは〝道徳的に正しい〟答えでしたが、本当は、二人ともハンマーでみぞおちに一撃を喰らったような気持ちでした」。

養母のジョイス・グリアは、記事「知ることの恐怖」でこう言いました。「娘がもう一人の母親との関係を発展させるにつれ、私は、娘を失うのではないかという怖れが増していきました。その考えは、私をすっかり震え上がらせました。自分の嫉妬心を、制御できませんでした。私の愛おしい子を、知らない誰かと共有しなければいけないことを、頭に描きました。それなのに、この〝他の誰か〟は、私の娘と、私が持ち得なかった繋《つな》がりを持っているのです——身体的な類似、共通の気質の特徴と家系の遺伝。この部分で競うことはできませんでした」。

卓越した養母のキャシー・ジャイルズが、養親たちに共通すると思われる恐怖感をまとめています。

> 一九九一年、デビッドが五歳のときに、彼は喪失体験のつらさと悲しみを、私に打ち明けました。私たちはレストランのボックス席で、向かい合わせに座っていました。サンディ（情報開示型養子縁組の彼の生母）が会いにきたのは、つい最近でしたから、彼の心の中のサンディは鮮明でした。デビッドは、サンディが「生母」だと知っていたのですが、その言葉に、実質的な意味はありませんでした。彼女はむしろ、「教母」と呼ばれてもよかったでしょう。大切なことは、二人に愛情があり、お互いを思いやる関係にあったということです。彼女は息子の誕生日を含めて、年に何回か訪ねてきました。プレゼントを買い、一緒に遊び、本を読んで聞かせ、彼と楽しく過ごしました。彼も彼女の訪問を喜んで、愛情を言葉でも態度でも自由に表してい

20　たとえ私が生まれた家族を探そうと決断しても、私はいつもあなたがたに私の親でいて欲しいのです。

ました。一見、急に思いついたように、彼が私に向かって言いました。「ママ、あのね、時々、サンディが僕のママになってくれなかったのが、悲しくなるんだ」。私は槍で心臓を貫かれたように愕然としました。彼は私よりサンディの方がよいのだ、ということも含めて、私の頭に、この言葉の持ついろいろな含意のリストが、駆け巡《めぐ》りました。幸いにも、私は平常心を保ち、嫉妬溢れる自己憐憫の道に落ちずにすみました。彼が生母の方をより愛していることは、確かに理解できることです。これがおそらく、ほとんどの養母が、最も怖れている場面でしょう。

子どもが、実の家族を探したいという願いを打ち明けるのが、まだ子どもやティーンエイジャーのうちか、養子が大人になるまで待つのかにかかわらず、あなたは、子どもがそんな発表をする日を、きっと怖れていることでしょう。「まだこの子は私を愛してくれるのだろうか?」と、あなたは疑います。「この子がずっと夢見てきた本当の家族に会ったら、私のことを全部忘れてしまうのだろうか?」「私はこの子の愛情関係のなかの『二番目によい人』になるのだろうか?」「この新しい拡大家族のなかに、私の居場所はあるのだろうか?」

『原初の傷』の著者であり、養母でもあるナンシー・ヴェリエは、こう見解を示しています。「多くの養母が、子どもが探索をはじめたいという考えに、なぜ大歓びしないかを、理解するのは難しくありません。何年もの奮闘と絶え間ない家庭内騒動のあと、子どもが他の子の母親と自分のときより簡単に人間関係を形成する(その方があとくされないから!)のを見てきた苦痛の後に、今度は子どもが否定できない、そして定義できない繫《つな》がりを持つ、あの魔法のような人に憧れているのを見るのです。

それは不可解で、恐ろしく、多くの養親は、『あんなに拒絶されて苦しんできたのに、これが結末なのか』と、悩みます」。

ええ、あなたの愛する子が、子どもの過去にいた、実在する人たちとの繋がりに戻ろうとしはじめるときは、恐ろしいものです。でも、あなた自身にとって、恐ろしいと考えるなら、あなたの子ども——その〝子〟がすでに、大人になっていたとしても——にとっては、どんな感じなのか、考えてみてください。

ある養子の経験

もし養子が実際に、自分の出自を辿ろうと決めたら、（アメリカの場合）だいたい自分の生まれた郡の地方裁判所からはじめます。そこで、産みの家族の不特定情報請求をできるのです。まさにこうして、サンドラの探索がはじまりました。

高い天井と軋む木の床の、かび臭い古い建物を歩いていくと、とても怖いのに、はやる気持ちを抑えられない子どものような気がしました。「ちょっと考えてみて」、彼女は思いました。「この庁舎のなかのどこかに、私の起源と、何年も私の心の中に眠っていた疑問の答えがあるのよ。血の繋がった両親はどんな顔をしているのかしら？　どんな仕事をしていたのかな？　私が生まれたとき、彼らは何歳だった？　どうして私を育てるのを断念して、養子縁組に出したのかしら？」。ますます多くの養子たちがそう望むように、サンドラも、自分の出自についての真実を知りたいと切望していました。

20　たとえ私が生まれた家族を探そうと決断しても、私はいつもあなたがたに私の親でいて欲しいのです。

生まれた郡の地方裁判所に不特定情報を請求して数週間で、情報が郵便で届きました。新しい情報の一つひとつが、アドレナリン（緊張ホルモン）をサンドラの血管に送ります。

母親の年齢：二四歳。父親の年齢：二八歳。父は再婚で母は初婚。父は会計士で母は専業主婦。サンドラは両親の第一子。サンドラは乾いたスポンジのように、細部情報を吸収しました。

そのときでした。彼女は刃のような記述に、行き当たりました。――「意図的に、断念」。「意図的に断念？」郵便受けから家に戻りながら、彼女は、無言で怒りに燃えていました。どうしたら、結婚している若いカップルが、はじめての子どもを意図的に断念できるの？　このニュースは、彼女には理解するどころか、受けいれることさえ難しいものでした。彼女には、拒絶を受けて負った傷口が、もう一度開く痛みへの準備が、できていませんでした。

そのときはまだ、人は苦痛を通り抜けて、自由へといたらなければならないということを、彼女は理解していなかったのです。彼女は、自分を解放する過去の実際の情報まで後戻りする旅に乗り出したと感じました。どれだけ代償を払おうと、誰が何と言おうと構わずに、本格的な産みの家族の探索をはじめるときがきたのです。旅の相棒は、目に見えない二人でした。――真実と苦悩。道すがらの一歩一歩に、彼女はその相棒の存在を、感じることでしょう。

真実と苦痛の混在については、ランドルフ・W・シバーソン博士が『気づいていない彼への祝福』に描きだしています。「養子縁組において、情報開示が究極的には何を意味するかに対する恐怖と不安は、小さい子どもが、水が冷たいことを不安に思うようなものです。その不安は、その子が息を吸って、覚悟を決めて、水に飛び込むまでは、本当に克服することはできません。はじめは、水はやはり冷たくて氷のような寒さが押し寄せますが、真っ青でひんやりした水が泳ぎ手を静かで穏やかな至福へと運んでいくうちに、身体がその感覚に慣れ、午後水が温くなるにつれて、水に入った瞬間のショックは、すぐにそれに見合う価値があったように感じられてきます」。

すべての恐怖の頂点に立つ恐怖

あなた自身の怖れをしばらく脇において、あなたの子どもが、自分に命をくれた人たち、特に生母を見つけて、もう一度繋《つな》がりを持つことを考えるにつれて、どんな気持ちを経験するのかを想像してみてください。「自分が連絡したら、その後、産みのお母さんはどうするだろう？」と、子どもは考えます。「お母さんは自分に会ってくれるだろうか？」「お母さんは自分を受けいれるだろうか、それとも拒絶するだろうか？」「お母さんは過去を克服して、喜んで自分を人生の一部に迎え入れてくれるだろうか？」「お母さんは自分を愛してくれるだろうか？」

産みの家族を探すことで、養子はこれまでに経験したことのない、最も深い喪失に直面する可能性にさらされます。二回目の遺棄です。拒絶される可能性は現実のことで、もし子どもが最大の恐怖に直面した場合、子どもを感情的に支えることができるように、養親が心の準備をしなければならない主な理由の一つはこれなのです。

この恐怖感の甚大さを理解するためには、ベティ・ジーン・リフトン博士の『養子になった自己の旅』に参照されている「貴婦人か虎か」の比喩をお考えになるといいでしょう。博士は、養子とは、

20　たとえ私が生まれた家族を探そうと決断しても、私はいつもあなたがたに私の親でいて欲しいのです。

王女と恋に落ちた、ハンサムだけれども貧しい騎士のようだと、説明しています。王女の父親は怒り狂い、この若者に巨大な円形闘技場に行って、二つの扉のどちらかを選ぶように命じます。片方の扉の後ろには、美しい貴婦人（王女ではありません）がいて、その場で彼の花嫁になることになっています。もう一つの扉の後ろには、獰猛な虎がいて、その場で彼を貪《むさぼ》り食うのです。

ある養子は、この恐怖感をこう描写しています。「産みのお母さんが、僕のことを考えていてくれたら、と思います。お母さんを見つけたと思うけれど、電話をするのがすごく怖い。魂の一番深いところで、拒絶を感じることになるのがすごく怖いのです。もし産みのお母さんが、僕と話したがらなかったら、どうでしょう？　取り返しのつかない感情にまで、いたってしまうような気がします」。

子どもの視点を理解する

あなたの子どもが、産みの家族を探したい、という望みを表明したときには、まさにあなたと同じように、子どもも、混じり合った感情に満ちているということをわかってください。拒絶の恐怖の他に、子どもの頭と心には、いくつか他のこともよぎっているかもしれません。

「情報が欲しい」

そのときそう見えたとしても、子どもはあなたの代わりになる人を探しているのでも、あなたがたの親としてのはたらきが不十分だと示唆しているのでもなく、答えを探しているのです。「私はどうして放棄されたのか？」「私の碧《あお》い目は、どこからきたのか？」「私の既往歴は、何なのか？」。（養子は）大人へと成長するにつれ、この情報が自分自身のためになるだけでなく、未来の子どもたちや、孫たちのためにもなるとわかってきます。

ある養子はこう言いました。「私は、養親家族を何にも増して愛していますが、それでもそれ以上のものが必要なのです」。別の養子はこう言いました。「私は、あなたたちを愛していて、他に両親を探しているわけではないのです。私には、自分がどこからきたかを知りたいという、自然な欲求があるのです。どうか私を支援してください。そうすれば私たちの関係が、もっと強く完全なものになっていくでしょう」。

「あなたを傷つけたくない」

養子縁組の専門家たちは、よく「忠誠心の問題」の話をします。私が理解していることの意味は、養子が、あなたがた養親への忠誠心と愛情のために罪悪感に苦しんでいること、そして自分の血の繋《つな》がった両親を見つけたいと憧れているということです。あなたの子どもは、あなたがたを傷つけたり、動揺させたりすることを、何もしたくないのです。子どもは、二組の両親の間で、引き裂かれるような気持ちなのです。養子は、養親への深い忠誠心のために、養親が亡くなるのを待ってから、産みの親探しをはじめるかもしれません。

ある養子はこう言いました。「私の養親はいつも、私が捜したくなったらいつでも助けるからと言っていたのですが、私は探しませんでした。私は養父を本当に傷つけてしまうと思っていて、そん

20　たとえ私が生まれた家族を探そうと決断しても、私はいつもあなたがたに私の親でいて欲しいのです。

なことは、決してしたくなかったのです」。

もう一人はこう言いました。「自分の子どもたちを持つまでは、自分がどこからきたのかを、見つける必要があると本当に感じたことはありませんでした。養親は私にこんなに素晴らしい人生をくれたので、あまりにたくさんの質問をするのは、難しかったのです」。

「私は養親をとても愛そうとしていたので、自分の誕生と養子縁組についてのいくつもの秘密と質問しなかった疑問、嘘があった可能性を容認して生きていて、それがどれだけ辛かったかを養親には知らせることができなかったのを、二人が知っていてくれたらよかったのにと思います」と、別の養子は嘆きました。

「私は遂に、本当の自分に正直になった」

多くの養子たちは、長年にわたって、他の人の指針に従って生きてきました。彼らの自然な傾向は受動的で、外的にはそう見えなくても、内的にはそうなのです。探索をはじめるに当たって、他の誰が何と思おうとも、養子は自分自身に正直になることを学んでいきます。

私は、夫と養父に、自分の産みの家族を探そうと思う、と言ったときのことを憶えています。養父は言いました。「なんでそんな厄介事に、手をつけたいの？」夫は単純に、私が傷つくおそれがあるから、やって欲しくないと言いました。

二人の意見にもかかわらず、私は探索を続けました。真実を求める内的動機の方が、大好きな人たちの意見より勝っていたのです。遂に私は、自分の（養子縁組時の）措置の責任者ではなかったけれど、探索の過程の責任者になることができたのです。

養親にできること

養子たちは、産みの家族探しを励まして欲しいし、家族探しを必要としています。あなたがどうやって、あなたの子どもを支援できるかをご提案します。

あなたがたの感情に配慮する責任から、養子を解き放つこと

あなたの子どもには、あなたがたを気楽にさせたり、安心させたりする心配をしないで、自分の産みの親探索を追求する自由が必要です。もし子どもの探索が、あなた自身が捨てられてしまう恐怖感をもたらすなら、信頼のおけるセラピストや友人たちに助けてもらって、この再会の過程をやり遂げてください。あなたにこの過程が脅威に感じられたとしても、あなたの子どもはもっと感情的にいっぱいいっぱいで、子どもが必要とすることを手にいれるためにあなたの祝福が必要なのです。

エリザベスはこう述べます。「養親が、自分たちの恐怖心に折り合いをつけないと、子どもの幸せが大きくなるほど、養親の不安が増すだけになってしまうでしょう。そういう養親の考えることは、『なぜ私はこの子を幸せにできないのだろう?』『うちの子どもが○○のために、どこか他に行かないといけないなんて、私は親として失格に違いない』」。

マリリン・メバークは、著書の『むしろ笑っていよう』で、自分自身の苦悩を描写しています。夫

20　たとえ私が生まれた家族を探そうと決断しても、私はいつもあなたがたに私の親でいて欲しいのです。

の死と息子の結婚後まもなく、養女が、生母探しを再開したいと言ったのです。マリリンは、これが養女との人間関係の変わり目だったと、信じています。彼女は言います。「こういう私の感情は正常だったとしても、私はその感情をベスのせいにする権利はありませんでした。……もし彼女のせいにしたなら、彼女は、私のニーズの方が自分のニーズよりも大切で、自分を犠牲にしても、私の感情を幸福に保つ責任は彼女にあるのだと結論づけたでしょう。さらには、彼女は私の感情に、憤慨したことでしょう」。

持っている『すべて』の情報を開示すること

子どもの誕生、産みの家族、子どもが譲り渡されたときの状況について、あなたが持っている情報を、すべて子どもに渡してください。

ルース・アンがこう言います。「私が一八歳のときに、養母が亡くなりました。私は三〇歳のときに産みの親探しをはじめ、三五歳くらいのときに、養母が産みの母の名前を、私の赤ちゃん記録に書いていたことを発見しました。養母がどうやってその情報を入手したのか知る由もありませんが、お墓のなかから養母が応援してくれているように感じました。私は、養母が生きていたら、私の探索を支援してくれただろうと感じたのです」。

ベティは言います。「問題は、私の養親が情報をお墓のなかに持っていってしまった、ということです。私のメッセージはこうです。〝ママ、パパ、私はあなたがたをとても愛していますが、大人になった私が、知る権利がある大切な情報を伏せたままにしてしまったことで、とても憤慨して、ときには怒っています。私のあなたがた二人への愛情は、とても深いのだから、あなたがたの場所を誰かに取られてしまうなんて、怖がる必要がなかったことを知っていてくれればよかったのに」。

メリーの両親は、正しい態度のよい例です。「私の両親は天国から遣わされた天使です。日々両親について神に感謝しています。両親はいつでも、兄と私が養子であることと、彼らが持っていた不特定情報について、包み隠さず正直でした。二人は私の産みの親探索に協力的です。養親が私の試みに協力的でいられる理由の一部は、最初から包み隠さずにいた結果でしょう。私たちの人間関係は、正直さと信頼の上に築かれているのです」。

子どもに、労力と感情の犠牲がどのくらいか、見通しをつけるように励ますこと

探索と再会の期間には、感情が高まっています。あなたの養子にこのことを警告し、〝最悪の場合〟の可能性に直面できるように、勇気づけてください。この話は、子どもに切り出すには難しいテーマかもしれません。でも、先々に待ち構えているかもしれないことに対して、子どもが感情的に準備ができていることが必要なのです。ほとんどの再会はうまくいきますが、ときに胸の痛むことになることもあるのです。

三五歳の養子のキャシーは、彼女の拒絶された体験を書いています。「今日が人生で一番長い日だった。彼らに会って、恐怖を感じた——彼らは私とは全然違っていたので。生母は、私の誕生日さえ知らないことがわかった。彼女は、出産が終わると、本当に私のことを忘れてしまったのだ。彼女の人生の困難だった出来事すべて——私もその一部——を、彼女が詳しく話すにつれて、そのことが

20　たとえ私が生まれた家族を探そうと決断しても、私はいつもあなたがたに私の親でいて欲しいのです。

明らかになった。私は母に〝あなたのことを、始終思っていたのよ〟と、言って欲しかった。この再会が、最高の経験とならなかったことに落胆した。私は、三五年前の拒絶の現実を理解しつつある。私はよそ者で、私には居場所がないような気がした」。

養子が経験するかもしれないもう一つの反応は、再会が万能薬（あらゆる問題の解決策）ではないと、おそらくはじめてわかって起こる、期待外れの感情です。再会は、養子縁組の苦痛のすべてを取り去るわけでもなく、自分を養子ではない子どものように感じさせるわけでもないのです。

ヘザーは、この失望をこう説明します。「私の再会についての考えも、期待も間違っていました。結局のところ、再会は、私が望んだようには、人生に大した違いをもたらさなかったのです」。

結果はどうあれ、あなたは成長するからと、子どもを安心させること

産みの家族との再会が良くても悪くても、あなたの子どもは、そのあとでおそらく終結感を覚えるでしょう。子どもは一巡して元の位置に戻り、最大の恐怖に直面し、複雑な感情を処理し、喪失から全人格の完成へと歩み入ったのです。あなたとの関係は深まり、またもっと栄えるかもしれません。

子どもの人生の旅のなかで、あなたがた両方にとって最大の恐怖となるかもしれない部分が、著しい成長と祝福をもたらすものだと、わかりはじめることを願っています。あなたの家族の実態――一本の接ぎ木――を確認しはじめることを願います。この木は、目を見張るほど素晴らしく、唯一無二の木です。自然に反した木。複雑な根から豪華な葉が芽吹き、園芸家にとっては挑戦に満ちた、しかし比べようもないほどの甘さの、究極の果実を実らせる木なのです。

マリーは言います。「養母との関係は、夢にも思わなかったほど深まりました。母が彼女自身の悲嘆と喪失体験に前向きに取り組んだので、母は今や私の応援者であり、友人になったのです」。

バーブは再会後の気持ちを、こう描写しています。「私はもう一回再会をやり直してもいいわ。リスクを冒す価値があったし、自分の養子縁組への好奇心と疑問に終止符を打てたし、私にとって、感情的に生命をふきこまれた経験だとわかったから。生母は四五年前に私に命をくれて、さらに一週間前に、私が母の人生に戻ることを受けいれて、別の意味でまた命をくれたの。この両方の命の贈り物を、これからもいつも感謝するわ」。

シンシアは言います。「私の養親家族との関係は、今はかつてないほど強く、かつてないほどオープンなの。私は自分自身を理解できて、家族と親族とは、人が自分で定義するものだとわかったの」。

ジョージは言います。「再会をやり遂げて、産みの母ととてもよい関係だけれども、養親をかつてないほど親しく感じているよ。養親がいつでも僕の本当の両親だ」。

本当の両親とはどういう意味なのか

あなたがまだ、お子さんの探索の旅と再会についての恐怖感を心に抱いているのなら、キャシー・ジャイルズの体験の思い出を読んで、元気を出してください。これは、養子縁組でできた家族のための特別なプログラム中に、九歳の息子と経験した出来事です。そのプログラムには、養親と子どもが一緒に参加するグループ・セッション、養子だけのセッション、養親だけのセッションがありました。

20　たとえ私が生まれた家族を探そうと決断しても、私はいつもあなたがたに私の親でいて欲しいのです。

セッションに行くまでに四五分、家に帰るまでに四五分かかり、二人で話す時間がたっぷりありました。

ある会話でデビッドが言いました。「メリッサ（友だち）が、マリーが僕の本当のママだって言うんだ。彼女が僕の本当のママなの？」キャシーの返事は素早くて率直でした。「マリーが九ヶ月間、お腹のなかであなたを育てたという点と、彼女が産気づいて、あなたを産んだという点では、彼女がしたことは本当だと言えるわね。彼女は実際にあなたに何かをした、本当の人物よ。私自身のことも、まったく本当の存在だと思うわ。たくさんのおむつを替えて、あなたに哺乳瓶でミルクをあげて、お風呂に入れて、何時間も歌いながらあなたを揺すって、散歩に連れていき、お話を読んで聞かせた。これらすべてのことも本当よ。だから私も、あなたの本当のママなのよ。マリーは、彼女の担当をやって、私は私の担当をやっているの。私たちは二人とも、あなたの本当のママなのよ」。

ベティ・ジーン・リフトン博士が、『養子になった自己の旅』で本当の母親について、優れた描写をしています。「私にとって、本当の母親というのは、子どものすべてのアイデンティティーを認めて、尊重し、子どもに自分自身のどの部分も、否定させない人です」。

なんて素晴らしい考え方でしょう！　この言葉は、あなたが本書のページから、収集して実践したことを要約しています。あなたは、どうやって子どもの世界に到達するか、子どもの言葉にしないニーズに敏感になるか、それから子どもの感情の現実を承認するかを学びました。おめでとうございます！　このことであなたは本当の親になり、子どもの人生のなかでの、あなたの居場所を揺るぎないものにしたのです。

あなたは本書を手に取る前から、洞察力のある親でした。さもなければ、あなたは本書に興味を持たなかったでしょう。しかし今やあなたは、最高の養親です。学んだことの実践を続けてください。そうすれば、あなたの家族は、水やりの行き届いた樹のように、繁栄し続けることでしょう。

20　たとえ私が生まれた家族を探そうと決断しても、私はいつもあなたがたに私の親でいて欲しいのです。

監訳者から皆様へ

日本に招かれ、愛着の絆の大切さについてはじめて講演をしたのは、一九九五年のことでした。仙台で開かれた小舎制児童養護施設の施設長さんの集まりで、反応性愛着障害の情報をお伝えしたところ、たくさんの方から「やっと子どもたちの行動の意味が理解できた」「今日の情報で欠けていたパズルのピースが見つかったようだ」などの感想やご意見をいただいたことをよく憶えています。

当時はまだ愛着と脳の関係が科学的に解明されていなかったこともあって、「養子縁組をなさるのなら、愛着を司る情緒の脳である大脳辺縁系が育ち終わる六歳までになさると、愛着の絆が自然にでき、関係が築けることでしょう」と、講演しておりました。

ところが二〇〇〇年から東京福祉大学で、四年間教鞭を執るために日本に滞在をはじめてまもなく、「赤ちゃんの脳は三歳までに八五％ができあがるので、養子縁組をするなら、三歳までというのがアメリカでの常識になった」とアメリカに住む夫からメールが入りました。さらに二〇〇四年になって研究が進み、愛着形成には麻薬などの依存をつくりだす脳の報酬回路が関係していることが、ローマでの動物実験で判明した（Science、二〇〇四年六月二五日号）と情報が入りました。出産から三ヶ月の間、毎日繰り返される授乳、おむつ換え、あやす、話しかける、寝かせる、抱くなどの保護者の行動で赤ちゃんは歓びを覚え、保護者の匂いや声が引き金になって、保護者に対する深い愛着の絆（よい意味での依存症）ができあがることがわかったのです。この三ヶ月間を過ぎてからの愛着形成は、その深さも質も異なるということがこの研究によって明らかになったのです。以来欧米では、生まれたばかりの赤ちゃんを、すでに選定された養子縁組希望の家族の元で育てる赤ちゃん養子縁組を推奨しています。

シェリーさんの書かれたこの本の監訳、監修をお引き受けしたとき、一九九〇年代から飛躍的に進んできた脳の研究が、どのくらい反映されているか興味津々でした。第一部一章で語られる「原初（生まれて最初）のトラウマ＝産みの母を失うこと」は、目から鱗《うろこ》の驚きでした。胎児が胎内で、生母の血流や心拍の音に馴《な》染《じ》み、聴覚の神経回路ができて母の声を憶えて生まれることは知っていましたが、生まれたばかりの新生児をすぐに養母の裸の胸に抱き、心臓の音を聴かせ、声かけをするカンガルーケアを行うことで、新しいお母さんの心音や声を聞き分ける脳神経回路が、以前の回路にとって代わるものだと思っていたのです。けれども、原初の喪失体験はそのような簡単なことで解消できるものではないのだと思い知りました。

二〇〇四年にコロラド州エヴァーグリーン市で、養子と家族の愛着の再構築をする心理療法をなさるテリー・リヴィー博士とマイク・オーランズ心理士の素晴らしいお仕事に出会いました。以来、二年ごとに日本の各地でその療法の具体的な内容をご講演いただいています。二〇一六年には、手を挙げてくださった養子縁組家族にこの心理療法が文化を越えて作用するか、テリー先生とともにセラピーを行いました。セラピーの有効性とともに私たちが目の当たりにしたのは、胎児期の体験が、その後の子どもの情緒や行動、認知に重大な影響と意味を持つということでした。この本の第一部二章にも似た事例があげられていますが、セラピーを受けた養子さんの生母は妊娠に迷い、何度も堕胎することを望んでいたようです。生後一週間でお子さんは、産院からそのまま乳児院に預けられました。胎内の経験から、そのお子さんは子宮内拒絶症候群になっていたのでしょう。乳児院では、寝てばかりいて、保育士さんが揺すり起こして授乳していたそうです。養子に迎えられてからは、「自分は生きていてはいけないのだ」「自分なんて育てない方がいい」と、養父母を驚かせる言葉を発して暴れたそうです。妊娠中にDVを受け、子どもを育てられないという不安を生母が感じていると、緊張ホルモンが生じ、胎児がそのホルモンに曝《さら》されてしまうことが知られています。まさにその状況に置かれていたであろうことがセラピーのなかで語られていたのです。私のなかでは以前お目にかかった他の養子縁組家族のことが思いだされていました。緊張のため全身が硬くなっている赤ちゃんを特別養子として迎え、養父母さんが愛情深く育てているにもかかわらず、不安の発作を頻繁に起こしているお子さん……。次々に思い浮かぶご家族は、シェリーさんの事例の叙述にあてはまるものばかりでした。

ただし、現在までにさらに科学的な実証がなされた点については、最新の情報を注釈で掲載いたしました。

現在日本では里親制度や養子縁組の制度を改正して、多くの子どもたちを家庭で育てることを督励していると聞きました。素晴らしいことですね。大切なことは養親さんや里親さんへの「原初のトラウマ」の理解とその関わりをお教えし、支えることです。そのためには、長期にわたる専門職による子育て支援を拡充することが不可欠です。施設で乳幼児期を送った、または実家族で虐待やネグレクト、マルトリートメントを体験した子どもたちは、トラウマ研究の第一人者であるベッセル・ヴァン・デ・コーク博士がおっしゃるように、「発育途上のトラウマ障害」を持った、傷ついた子どもたちです。そのような子どもとともに生活し、「発育途上のトラウマ障害」のない子どものように育てようと取り組んでも、シェリーさんが書かれたように、「（親子が）まるで夜中にお互いを気にしながらすれ違っていく二隻の船」のように、なかなか心が繫《つな》がらないといった問題が起こることでしょう。

お子さんの言動で、すでに愛着に関する傷つきがあり、難しさを感じていらっしゃるなら、先にご紹介したテリー・リヴィー博士のセミナーにいらっしゃるといいでしょう。二〇一八年までに、十一の日本の家族へ心理療法をなさり、その経験も踏まえながら、この二〇一九年にも来日されて里親さん・養親さんを対象とした「ヒーリングペアレント」の講演とワークショップを開くご予定です。

また、ＡＴＴＩ Ｊａｐａｎでは、出版に先立ちシェリーさんのメッセージを受けとめて、養親さんと理解を深める読書会を開いていました。お仲間とともに本書を読み、疑問や迷い、不安、子どもへの具体的な関わりを専門職のサポートを受けながら、分かち合う機会は随分と親御さんたちを勇気づけたようです。本書を皆様はきっとこれから何度も読み返すことでしょう。そのたびにあなたの子どもの心に少しずつ近づいていくことができるでしょう。血は繫がらなくても心が繫がる素晴らしいご家庭を築き、幸せな家族が今後もたくさん増えますように祈っております。

二〇一九年一月　庭に降る雪を眺めつつ、コロラドにて

社会福祉学博士　ヘネシー　澄子

訳者あとがき

本書の存在をはじめて知ったのは、「特別養子縁組グミの会」の安藤茎子さんが、会の養親さんから、以前に受けた研修の資料で養親の二〇の心得のようなことの資料が欲しいと言われたとかで、私に日本語の見直しを依頼されたことがきっかけでした。というのも、その資料というのは、随分以前に社会福祉学者の姜恩和先生が、何かの本の抜粋を韓国語翻訳経由の日本語訳でご紹介されたものだから、ということでした。では、直接原書を見て、どういう日本語がよいか考えましょうということで、インターネットでそれらしいキーワードをいくつか検索して、本書 *Twenty Things Adopted Kids Wish Their Adoptive Parents Knew* を見つけました。日本でも原書が買えましたので、早速入手して見てみたところ、二〇の章のタイトルを資料としてお使いになったのだとわかりました。驚いたことに、その二〇の章のタイトルは、それまで他では見たことがなかった情報——養子の子どもたちの本当の心情をみごとに言い表したもの——で、まるで今まで閉じていた目が突然開いたくらいの衝撃でした。それで、何のバックグラウンドもないのに、「私はこの本を訳します」と、宣言したのでした。その次にはもう、著者のシェリーさんのホームページを探しあて、「あなたの本をどうしても日本語に訳したい！」と、日本の社会的養護の現状を訴えるメールを書いていました。

本日にいたるまで、何度本書を読み返したことでしょう。はじめに買って翻訳に使った原書はもうすぐ分解してしまうほどボロボロになってしまいました。読み返すたびに、新しい発見があり、また一つ誰かの心情に共感して涙したり勇気が出たり、読み終えるたびに、シェリーさんや彼女のたくさんの養子の仲間たちと一緒に一つの人生を生きたような気持ちになりました。明石書店での打合せのときにヘネシー先生が私の原書に目を留められて、「まあ、あなたのもボロボロね、私のもよ！」とおっしゃって、まるでヘネシー先生とも一緒に旅をさせていただいたような気持ちです。

本書の存在をはじめて知ってから、たくさんの偶然が重なり、たくさんの方々に助けていただいて、まるで一本の細い糸を辿るようにして、翻訳出版にいたりました。

この稀有《けう》の書を今の日本に紹介するために、ここまで連れてきてくださったすべての方々に心から感謝いたします。

特定非営利活動法人特別養子縁組支援グミの会サポート理事長の安藤茎子さん、ＧＵＮＣＥＮ（健康な養子縁組家庭支援センター／Korea Adoptive Family Support Center）代表の李雪我（イ・ソルア）さん、埼玉県立大学准教授の姜恩和先生、静岡大学教授の白井千晶先生、著者のシェリー・エルドリッジさん、監訳者の社会福祉学者ヘネシー澄子先生、明石書店編集部部長の深澤孝之さん、編集者の岡留洋文さん、ＡＴＴＩ Ｊａｐａｎの榊原さんが主催された原稿の読み合わせ会で、体験や感想を共有し、監修のアドバイスをくださった養親のみなさん、フリーライターの若林朋子さん、ヘルスケアトレーナーの八束華子さん、横井菜穂子さん、児童養護施設職員の氏原靖子さん、そして私が翻訳に取り組んでいることを喜び、ずっと応援してくれた一般社団法人ＡＴＴＩＪａｐａｎ代表理事の榊原明美さんと理事の仲間たち、母とたくさんの友人たちへ。

石川　桂子

特別養子縁組の情報参照先

特別養子縁組制度について

厚生労働省「特別養子縁組制度について」

https://www.mhlw.go.jp/stf/seisakunitsuite/bunya/0000169158.html

特別養子縁組のご相談は

あんしん母と子の産婦人科連絡協議会

https://yoshin.anshin-hahatoko.jp/

養親さんの子育てのご相談は

一般社団法人 ATTI Japan（エイティティアイ ジャパン）

https://www.atti-japan.com

デン著、鳴澤實監訳、大学専任カウンセラー会訳『グリーフカウンセリング——悲しみを癒すためのハンドブック』川島書店、1993年)
Wright, Norman H., *The Power of Parent's Words*. California: Gospel Light Publications, 1991.

Simpson, Eileen, *Orphans: Real and Imaginary*. New York: A Plume Book, 1987.

Small, J. W., "Working with Adoptive Families." *Public Welfare*, Summer 1987.

Stephen Ministries, "The Jo-Hari Window." Missouri: Stephen Ministries Training Manual.

Stern, Dr., Daniel N., *The Interpersonal World of the Infant: A View from Psychoanalysis and Development Psychology*. New York: Basic Books, 1985.（D・N・スターン著、小此木啓吾・丸田俊彦監訳、神庭靖子・神庭重信訳『乳児の対人世界 理論編』岩崎学術出版、1989年、『乳児の対人世界 臨床編』岩崎学術出版、1991年）

Van der Vliet, Amy, "The Non-Identifying Information." *Twelve Steps for Adults Adopted as Children*, Indiana, 1996.

Van Gulden, Holly, and Bartels-Rabb, Lisa M., *Real Parents, Real Children: Parenting the Adopted Child*. New York: Crossroads Publishing Company, 1995.

Verny, Dr., Thomas, and Kelly, John, *The Secret Life of the Unborn Child*. New York: Delta. 1994.（トマス・バーニー著、小林登訳『胎児は見ている——最新医学が証した神秘の胎内生活』祥伝社、1997年）

Verny, Dr., Thomas, and Weintraub, Pamela, *Nurturing the Unborn Child*. New York: Delta. 1991.

Verny, Nancy Newton, *The Primal Wound: Understanding the Adopted Child*. Maryland: Gateway Press, 1993.

Warren, Dr., Paul, and Minirth Dr. Frank, *Things That Go Bump in the Night: How to Help Children Resolve Their Natural Fears*. Tennessee: Thomas Nelson Publishers, 1992.

Wasson, Valentina P., *The Chosen Baby*. New York: Lippincott Raven Publishing, 1977.

Watkins, Mary, Ph.D. and Fisher, M.D., Susan, *Talking With Young Children About Adoption*. Conneticut: Yale University Press, 1995.

Welch, Martha G., *Holding Time: How to Eliminate Conflict, Temper Tantrums, and Sibling Rivalry and Raise Happy, Loving, and Successful Children*. New York: Fireside, 1989.（マーサ・G・ウェルチ著、石田遊子訳『抱く子は育つ』学苑社、1992年）

Winkler, Robin C., Brown, Dirck W., van Keppel, Mararet, and Blanchard, Amy, *Clinical Practice in Adoption*. New York: Springer Publishing Company, 1988.

Wolff, Jana, *Secret Thoughts of an Adoptive Mother*. Kansas: Andrew McMeel Publishing, 1997.

Worden, Willian J., *Grief Counseling and Grief Therapy: A Handbook for the Mental Health Practitioner*. New York: Springer Publishing Company, 1991.（J. W. ウォー

Jenkins, Alyce Mitchem, "Parenting Your Adopted Child." Indiana: *Jewel Among Jewels Adoption News*, 1998.

Jones, Jeanine, "Sharing Negative Information with Your Adopted Child." Indiana: *Jewel Among Jewels Adoption News*, 1997.

Keck, Gregory C., Ph.D. "The Relationship Between Adoption and Attachment Disorder." Indiana: *Jewel Among Jewels Adoption News*, 1996.

Kirk, H. David, *Looking Back, Looking Forward: An Adoptive Father's Sociological Testament*. Indiana: Perspective Press, 1995.

Kirk, H. David, *Shared Fate*. British Columbia: Ben-Simon Publications, 1984.

Komissaroff, Carol, "The Angry Adoptee." Oregon: Kinquest, Inc., 1992.

Lifton, Betty Jean, Ph.D. *Journey of the Adopted Self: A Quest for Wholeness*. New York: Basic Books, 1995.

Lifton, Betty Jean, Ph.D., *Lost and Found: The Adoption Experience*. New York: HarperCollins, 1988.

Lowinsky, Naomi, Ruth, *Stories from the Motherline: Reclaiming the Mother-Daughter Bond, Finding Our Feminine Souls*. California: 1992.

Malone, Dr. Thomas Patrick, and Malone, Dr. Patrick Thomas, *The Art of Intimacy*. New York: Fireside, 1987.

Marney, Carlyle, *Achieving Family Togetherness*. Tennessee: Abington Press 1980.

Maurer, Daphne, and Maurer, Charles, *The World of the Newborn: The Wonders of the Beginning of Life—A landmark Scientific Account of How Babies Hear, See, Feel, Think... and More*. New York: Basic Books, 1946.

Meberg, Marilyn, *I'd Rather Be Laughing: Finding Cheer in Every Circumstance*. Tennessee: World Publishing, 1998.

Monahan, Cynthia, *Children and Trauma: A Parent's Guide to Helping Children Heal*. New York: Lexington Books, 1993.（シンシア・モナハン著、青木薫訳『傷ついた子供の心の癒し方』講談社、1995年）

Moore, Kay, *Gathering the Missing Pieces in an Adopted Life*. Tenneessee: Broadman & Holman Publishers, 1995.

Nydam, Ronald J., Ph.D. "Relinquishment and Intimacy." Indiana: *Jewel among Jewels Adoption News*, 1998.

Schooler, Jayne, *Searching for a Past: The Adopted Adult's Unique Process of Finding Identity*. Colorado: Pinon Press, 1995.

Severson, Dr. Randolph W., *To Bless Him Unaware: The Adopted Child Conceived by Rape*. Texas: House of Tomorrow Productions, 1992.

Silver, Dr. Larry B., *The Misunderstood Child: A Guide for Parents of Children with Learning Disabilities*. New York: McGraw-Hill Book Company, 1984.

Clarke, Jean Illsley, and Dawson, Connie, *Growing Up Again: Parenting Ourselves, Parenting Our Children*. Minnesota: Hazelden, 1998.

Cline, Dr. Foster W., Parent education text from the series, *What Shall We Do With This Kid?* Colorado: 1982.

Cloud, Dr. Henry, and Townsend, Dr. John, *Boundaries: When to Say Yes, When to Say No to Take Control of Your Life*. Michigan: Zondervan Publishing House, 1992.（ヘンリー・クラウド、ジョン・タウンゼント著、中村佐知、中村昇共訳『バウンダリーズ　境界線』地引網出版、2004年）

Cox, Susan Soon Keum. Personal Interview. Colorado: 1997.

Cytryn, Dr. Leon, and McKnew, Dr. Donald, *Growing Up Sad: Childhood Depression and Its Treatment*. New York: W. W. Norton & Company, 1998.

Dodds, Peter F., *Outer Search, Inner Journey: An Orphan and Adoptee's Quest*. Washington: Aphrodite Publishing Company, 1997.

Eldridge, Sherrie, "One Mother's Story." Indiana: *Jewel Among Jewels Adoption News*, 1997.

Engels, George L., "Is Grief a Disease? A Challenge for Medical Research." *Psychosomatic Medicine*, 23.

Fraiberg, Selma, *Every Child's Birthright: In Defense of Mothering*. New York: Basic Books, 1977.

Gibbs, Nancy, "In Whose Best Interest." *Time*, July 19, 1993.

Gilbert, Fr. Richard, "Bereavement Challenges and Pathways for the Adopted." Indiana: *Jewel Among Jewels Adoption News*, 1996.

Giles, Kathy. Personal interview. Pennsylvania: 1998.

Green, Tim, *A Man and His Mother: An ADOPTED Son's Search*. New York: ReganBooks, 1997.

Greer, Joyce, "The Fears of Knowing." Tennessee: 1997.

Gritter, James L., *The Spirit of Open Adoption*. Washington, DC: CWLA Press, 1997.

Harris, Maxine, *The Loss That Is Forever: The Lifelong Impact of Early Death of a Mother or Father*. New York: Plume, 1995.

Hughes, Daniel, A., *Facilitating Developmental Attachment: The Road to Emotional Recovery and Behavioral Change in Foster and Adopted Children*. New Jersey: Jason Aronson, Inc., 1997.

Hunt, Bettie, Personal interview, Florida: 1997.

Ingrassia, Michelle, and Springen, Karen, "She's Not Baby Jessica Anymore." *NEWSWEEK*, March 21, 1994.

Janov, Dr. Arthur, *The New Primal Scream: Primal Therapy 20 Years On*. Delaware: Enterprise Publisher, Inc., 1991.

参考文献

Andersen, Roberr, *Second Choice: Growing Up Adopted*. Missouri: Badger Hill Press, 1993.

Axness, Marcy Wineman, *Painful Lesson, Loving Bonds: The Heart of Open Adoption*. California: Self-published, 1998.

Axness Marcy Winemann, *What Is Written on the Heart: Primal Issues in Adoption*. California: Self-published, 1998.

Bettelheim, Bruno, *The Uses of Enchantment: The Meaning and Importance of Fairy Tales*. New York: Vintage, 1989（ブルーノ・ベッテルハイム著、波多野完治・乾侑美子共訳『昔話の魔力』評論社、1978年）

Bollas, Christopher, *The Shadow of the Object: Psychoanalysis of the Unknown Thought*. New York: Columbia University Press, 1989.（C. ボラス著、館直彦監訳『対象の影——対象関係論の最前線』岩崎学術出版社、2009年）

Bowlby, John, *A Secure Base: Parent-Child Attachment and Healthy Human Development*. Great Britain: Routledge, 1988.（ジョン・ボウルビィ著、二木武訳『母と子のアタッチメント——心の安全基地』医歯薬出版、1993年）

Bowlby, John, *Attachment*. New York: Basic Books, 1983.（ジョン・ボウルビィ著、黒田実郎訳『母子関係の理論（1）愛着行動』岩崎学術出版社、1991年）

Bowlby, John, *Separation Anxiety and Anger*. New York: Basic Books, 1986.（ジョン・ボウルビィ著、黒田実郎訳『母子関係の理論（2）分離不安』岩崎学術出版社、1995年）

Bradshaw, John, *Homecoming: Reclaiming and Championing Your Inner Child*. New York: Bantam Books, 1992.（ジョン・ブラッドショー著、新里里春監訳『インナーチャイルド——本当のあなたを取り戻す方法』日本放送出版協会、1993年）

Brodzinsky, Dr. David M., Schechter, Dr. Marshall D., and Henig, Robin Marantz, *Being Adopted: The Lifelong Search for Self*. New York: Anchor, 1993.

Brown, Margaret Wise, *The Runaway Bunny*. New York: HarperCollins Children's Books, 1987.（マーガレット・ワイズ・ブラウン著、いわたみみ訳『ぼくにげちゃうよ』ほるぷ出版、1976年）

Chilstrom, Cornnie, Andrew, *You Died Too Soon: A Family Experience of Grieving and Living Again*. Minnesota: Augsburg Fortress Publications, 1993.

著者・監訳者・訳者略歴

〈著者略歴〉

シェリー・エルドリッジ（Sherrie Eldridge）

自身が養子であることの心の葛藤に半生をかけて向き合い、「養子」の持つ隠された喪失感への深い気づきを得る。同じ辛さを抱える養子と養親たちの助けになりたいとの強い思いから、1999年に本著を上梓。アメリカ養子縁組界に絶大な影響を与える。

本書は発売後10年で135,000部以上を販売、現在も多くの養子縁組エージェンシーから必読書として推薦される。

アメリカ22州の他、カナダ・中国・タイにも招かれて講演。2010年、インディアナ州の「州議会養子縁組の天使」の称号を得る。

2019年現在までに計8冊の著書を上梓し、出版以外にも養子家族やソーシャルワーカー向けの研修も実施。養子として育つ子どもたちと養親たちのサポートを情熱を持って続けている。

〈監訳者略歴〉

ヘネシー 澄子（へねしー　すみこ）

クロスロード・フォー・ソーシャルワーク社所長、東京福祉大学名誉教授、社会福祉学博士、臨床ソーシャルワーカー。

東京外国語大学仏語科卒業後、ニューヨークのフォーダム大学で社会福祉学修士号を、コロラド州デンバー大学で博士号を取得。ニューヨーク大学社会福祉大学院助教授を経て、1974年コロラド州に移住し、インドシナ難民のためのアジア太平洋人精神保健センターを設立し、所長として活躍する。

2000年引退し、新制の東京福祉大学の実習担当主任教授として日本に赴任。2004年3月に大学を退職して帰米。コロラド州オーロラ市に在住して、アメリカの最新援助技術を日本に紹介するクロスロード・フォー・ソーシャルワーク社を夫とともに立ちあげ、日本の児童福祉に携わる人たちの研修を日・米両国で行っている。

著書に反応性愛着障害を書いた『子を愛せない母・母を拒否する子』（学習研究社，2004年）と、子どもとトラウマを書いた『気になる子・理解できる・ケアできる』（学習研究社，2006年）。

〈訳者略歴〉

石川 桂子（いしかわ　けいこ）

上智大学卒業後、マスマーケット商材のメーカー数社で主に新商品企画開発職に従事。2006～2011年、ジョージア州アトランタ郊外で、日本企業の現地法人に勤務（立ちあげ時参画）。

国外から見えた「日本の子どもたちの育ちの環境」に危機感を感じつつ帰国。子どものサポート活動を模索するなかで、社会的養護の存在を知る。

2015年、心に深い傷を持つ子どものためのトラウマセラピーの研修会で、参加者であった一人の養親の凄絶な子育て体験を聞き、トラウマのある子どもを育てる側の親への正しい情報提供と子育てのトレーニングを行わずに、社会的養護の家庭養護推進を謳うことへの疑問を持つ。

2017年3月、一般社団法人ATTI Japan（愛着とトラウマのトリートメント研究所）理事（広報・マーケティング担当）就任。

養子縁組を考えたら読む本
――これから親になるあなたに知って欲しい20のこと

2019年5月20日　初版第1刷発行
2020年4月30日　初版第2刷発行

著　者　シェリー・エルドリッジ
監訳者　ヘネシー澄子
訳　者　石川桂子
発行者　大江道雅
発行所　株式会社明石書店
〒101-0021 東京都千代田区外神田6-9-5
電　話　03（5818）1171
FAX　03（5818）1174
振　替　00100-7-24505
http://www.akashi.co.jp
装丁　明石書店デザイン室
印刷／製本　モリモト印刷株式会社

ISBN978-4-7503-4845-2
Printed in Japan
（定価はカバーに表示してあります）

里親と子ども

『里親と子ども』編集委員会 編 ■A5判／並製 ◎各1500円

「里親制度・里親養育とその関連領域」に関する専門誌。里親のみならず、施設関係者、保健医療関係者、教育・保育など幅広い領域の方々に向けて、学術的な内容をわかりやすい形で提供していく。

- Vol.1 特集 **里親への初期研修**
- Vol.2 特集 **虐待・発達障害と里親養育**
- Vol.3 特集1 **児童相談所・市町村と里親** 特集2 **親族里親**
- Vol.4 特集1 **地域里親会の活動** 特集2 **児童福祉法改正と里親制度**
- Vol.5 特集1 **子どもからみた里親制度** 特集2 **養子縁組制度**
- Vol.6 特集1 **養育の不調をどう防ぐか** 特集2 **子どもの自立支援**
- Vol.7 特集1 **社会的養護の改革と里親養育** 特集2 **愛着の形成と里親養育**
- Vol.8 特集1 **家族の変容と里親養育** 特集2 **里親リクルートの方法**
- Vol.9 特集1 **養子縁組あっせん** 特集2 **里親養育の社会化**
- Vol.10 特集1 **これからの社会的養護と里親養育** 特集2 **里親養育のケースマネジメント**

子どものための里親委託・養子縁組の支援
宮島清、林浩康、米沢普子編著 ◎2400円

子どものいない夫婦のための養子縁組ガイド
制度の仕組みから真実告知まで
吉田奈穂子著 ◎1800円

子どもの養子縁組ガイドブック
特別養子縁組・普通養子縁組の法律と手続き
家庭養護促進協会大阪事務所編集 岩﨑美枝子監修 ◎2200円

ワークで学ぶ 子ども家庭支援の包括的アセスメント
要保護・要支援・社会的養護児童の適切な支援のために
増沢高著 ◎2400円

ソーシャルペダゴジーから考える施設養育の新たな挑戦
マーク・スミス、レオン・フルチャー、ピーター・ドラン著 楢原真也監訳 ◎2500円

ライフストーリーワーク入門
社会的養護への導入・展開がわかる実践ガイド
山本智佳央、楢原真也、徳永祥子、平田修三編著 ◎2200円

社会的養護のもとで育つ若者の「ライフチャンス」
選択肢とつながりの保障、「生の不安定さ」からの解放を求めて
永野咲著 ◎3700円

子どもの未来をあきらめない 施設で育った子どもの自立支援
高橋亜美、早川悟司、大森信也著 ◎1600円

〈価格は本体価格です〉